E

大英儿童百科

万万想不到

一条线穿起的400个百科知识

大英百科全书公司/著

[英]安迪·史密斯/绘　于时雨/译

童趣出版有限公司编译　人民邮电出版社出版

北　京

图书在版编目（CIP）数据

大英儿童百科万万想不到．一条线穿起的 400 个百科知识 / 美国大英百科全书公司著 ；（英）安迪·史密斯绘 ；童趣出版有限公司编译 ；于时雨译．-- 北京 ：人民邮电出版社，2025．-- ISBN 978-7-115-66500-3

Ⅰ．Z228.1

中国国家版本馆 CIP 数据核字第 20251DP189 号

著作权合同登记号 图字：01-2022-2659

著　　：大英百科全书公司

绘　　：[英] 安迪 · 史密斯

译　　：于时雨　责任编辑：左艺芳

责任印制：赵幸荣　封面设计：马语默

排版制作：刘夏菡　尚丽俐

编　译：童趣出版有限公司

出　版：人民邮电出版社

地　址：北京市丰台区成寿寺路11号邮电出版大厦（100164）

网　址：www.childrenfun.com.cn

读者热线：010-81054177　经销电话：010-81054120

印　刷：天津海顺印业包装有限公司

开　本：889×1194 1/16　印张：13.5　字数：185千字

版　次：2025年5月第1版　2025年5月第1次印刷

书　号：ISBN 978-7-115-66500-3

定　价：68.00元

创作团队

大英百科全书公司（Encyclopaedia Britannica, Inc.）出版了世界三大百科全书之一——《大英百科全书》，250 多年来一直致力于激发人们的好奇心与学习兴趣。大英百科全书公司特别邀请了以下 3 位与众不同的专业人士参与这本书的创作。

凯特·黑尔（Kate Hale）不仅是一名作家、编辑，也是一位专业的“趣闻调查员”。从犬类之间如何沟通到激励人心的科学家传记，凯特曾编辑以及撰写过涉及各种各样知识的文章。在考虑哪些有趣的事实可以被收入这本书时，凯特从四面八方获取灵感，甚至是她的早餐（鸡蛋和一两个甜甜圈）！“大王乌贼的大脑形状像一个甜甜圈”正是她在本书中最喜欢的一条趣闻。

安迪·史密斯（Andy Smith）是一位屡获大奖的插画家，毕业于英国皇家艺术学院（Royal College of Art）。他的作品带有一种乐观的情绪以及一种手绘的亲切感。他非常享受为这本书制作插图的过程，因为他无法预测自己接下来将会画出什么，每一页都能给他带来惊喜！他尤其喜欢绘制第 33 页中黑猩猩的过程，那只黑猩猩的笑容十分有感染力。

劳伦斯·莫顿（Lawrence Morton）是一位艺术总监及设计师。为本书进行美术设计时他联想到希腊神话中忒修斯穿越迷宫的故事，于是在书中用虚线和箭头标注出了一条路线，来帮助读者顺利完成这次万万想不到的探索之旅。他在这本书中最喜欢的一条趣闻当数“狗一般能够理解 165 个左右的词语”，他认为自己的腊肠犬查理懂得比这要多。

本书内容

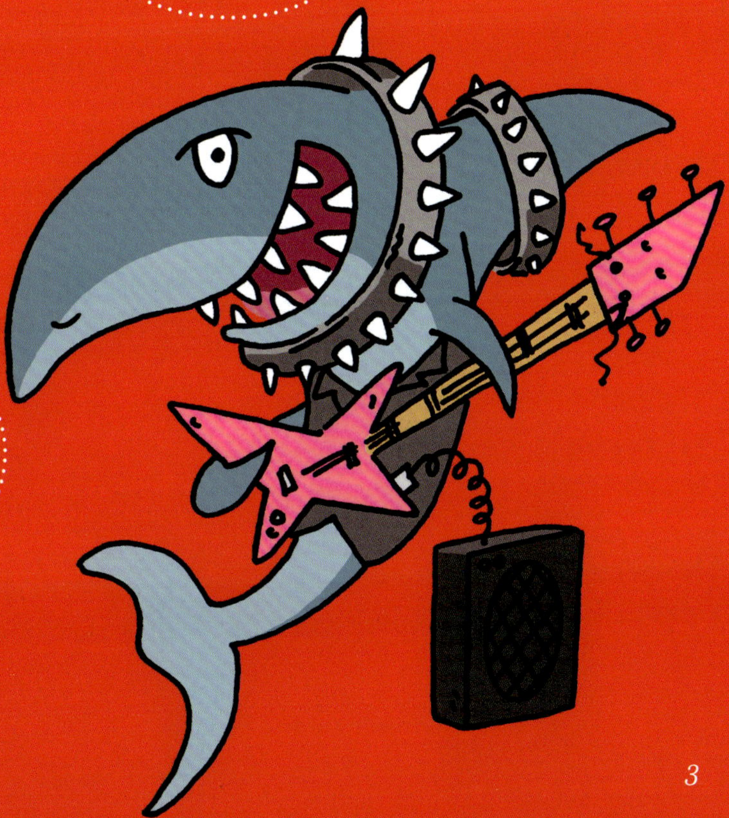

趣闻之旅

欢迎开启万万想不到的探索之旅！

这是一场一开始就停不下来的旅程！数百个不可思议又令人惊叹的趣味知识会让你应接不暇，比如：

你知道有位古罗马皇帝曾经享用过冰激凌吗？他派人从附近的高山上运来冰块，并用水果和果汁调味。不过，这只是传说，有更多证据表明冰激凌起源于中国。

既然提到了山……

地球上最长的山脉实际上大部分都在海面之下。

趁我们现在来到了水下，不妨去瞧瞧没有长大脑的海星。

接着，让我们游向这条乌贼。它的大脑是完好的，并且形状像一个甜甜圈！

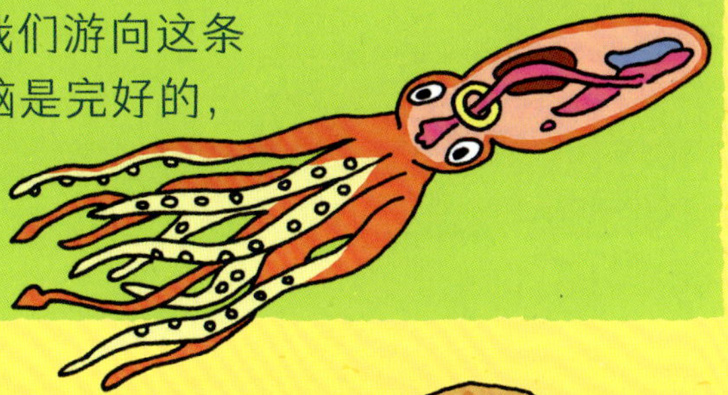

嗯，说到甜甜圈，你知道加拿大是人均拥有甜甜圈店数量最多的国家吗？

你可能已经发现了这场探索之旅的特别之处：每一则趣闻都以出人意料而又令人捧腹的方式与下一则趣闻联系在一起。

在这场探索之旅中，你会遇到**埃菲尔铁塔**、**豪猪毛笔**、**大猩猩**……还有什么呢？快去发现每翻一页都有怎样的惊喜吧！

本书不仅仅提供了一条阅读路线。你的阅读路线每隔一段内容就会出现分支，通过**向后**或**向前跳转**，你会来到书中一个全新但仍相关的部分。

跟随你的好奇心去到你想去的地方吧。当然了，这里就是一个不错的起点。

比如，你可以绕路去这里看看什么东西的速度很快

跳转至第 146 页

宇宙诞生

之前

要比

这个句号的

数十亿分之一

更小。

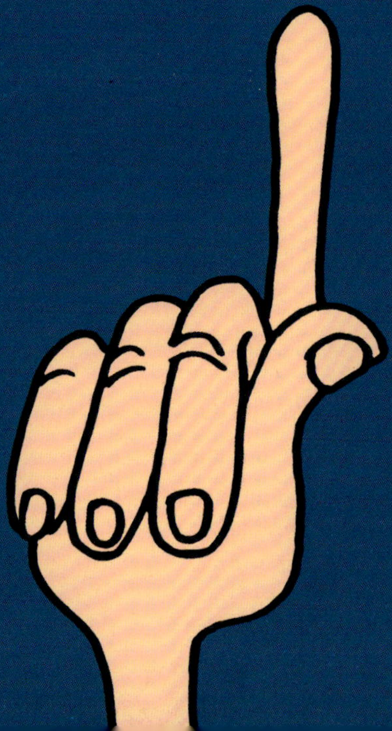

看看那些骨骼

新生儿有约 300 块骨头。等到他们成年后，骨头数量将会减少为 206 块。

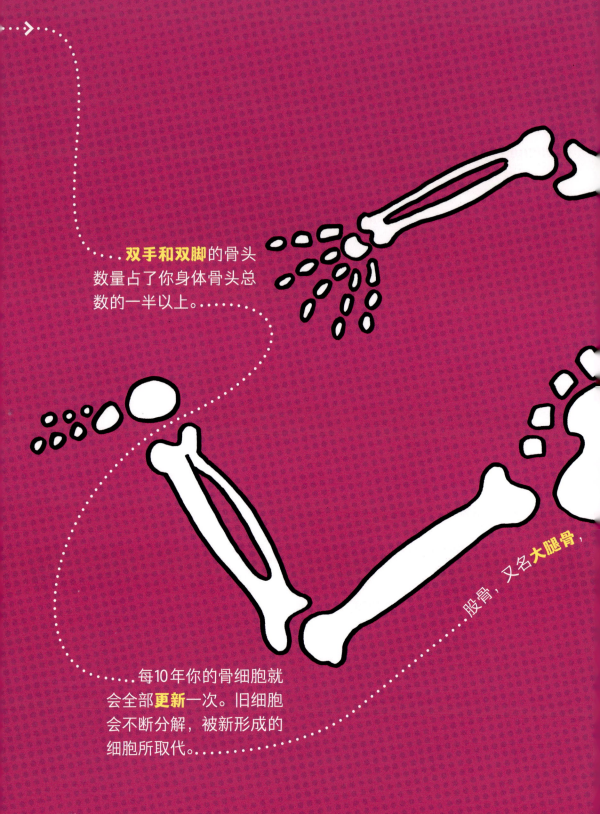

双手和双脚的骨头数量占了你身体骨头总数的一半以上。

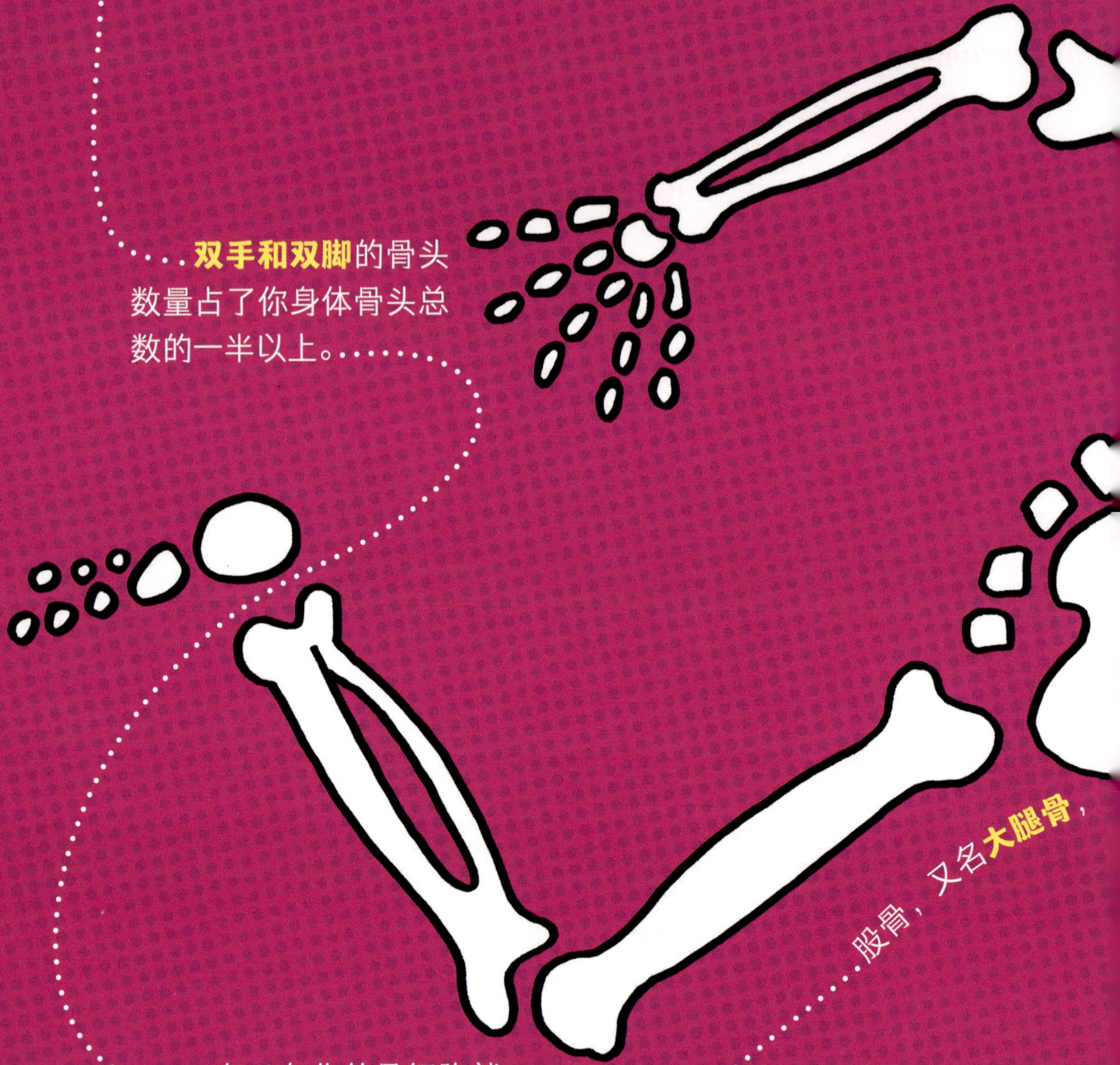

股骨，又名**大腿骨**，

每10年你的骨细胞就会全部**更新**一次。旧细胞会不断分解，被新形成的细胞所取代。

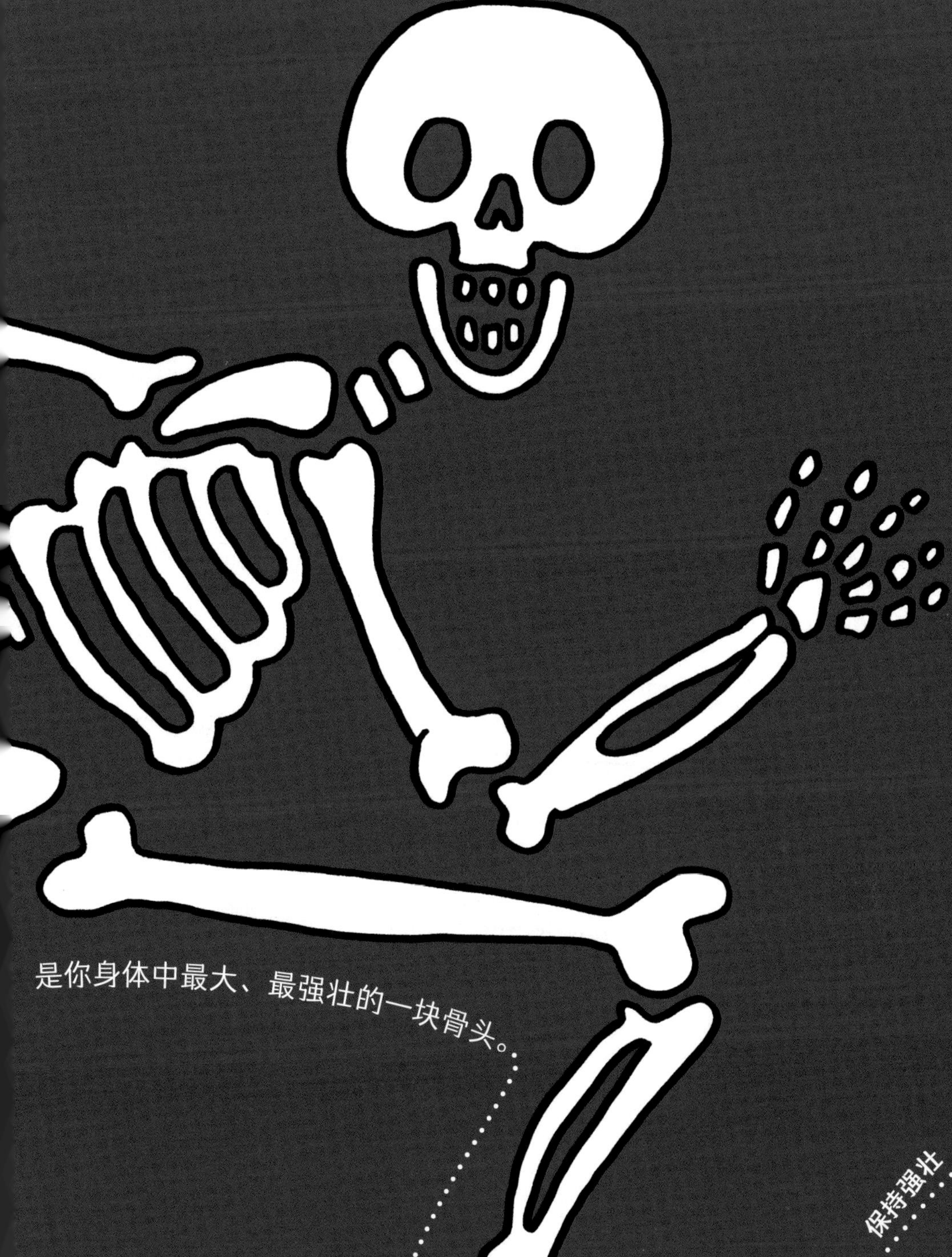

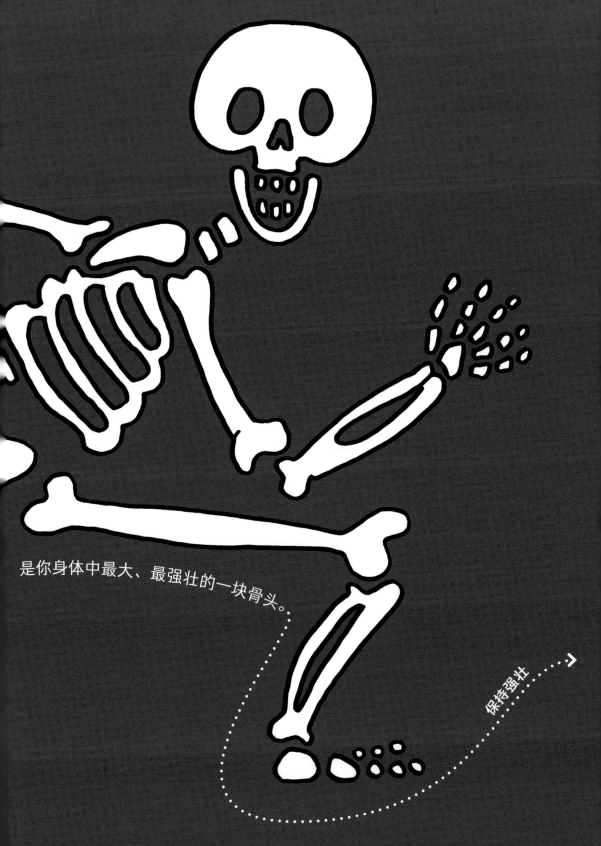

是你身体中最大、最强壮的一块骨头。

保持强壮

牛头嗡蜣（qiāng）螂是**世界上最强壮的昆虫**。它可以拉动自身体重 1141 倍的物品——这相当于一个人能够拉动两辆满载货物的 18 轮大卡车。

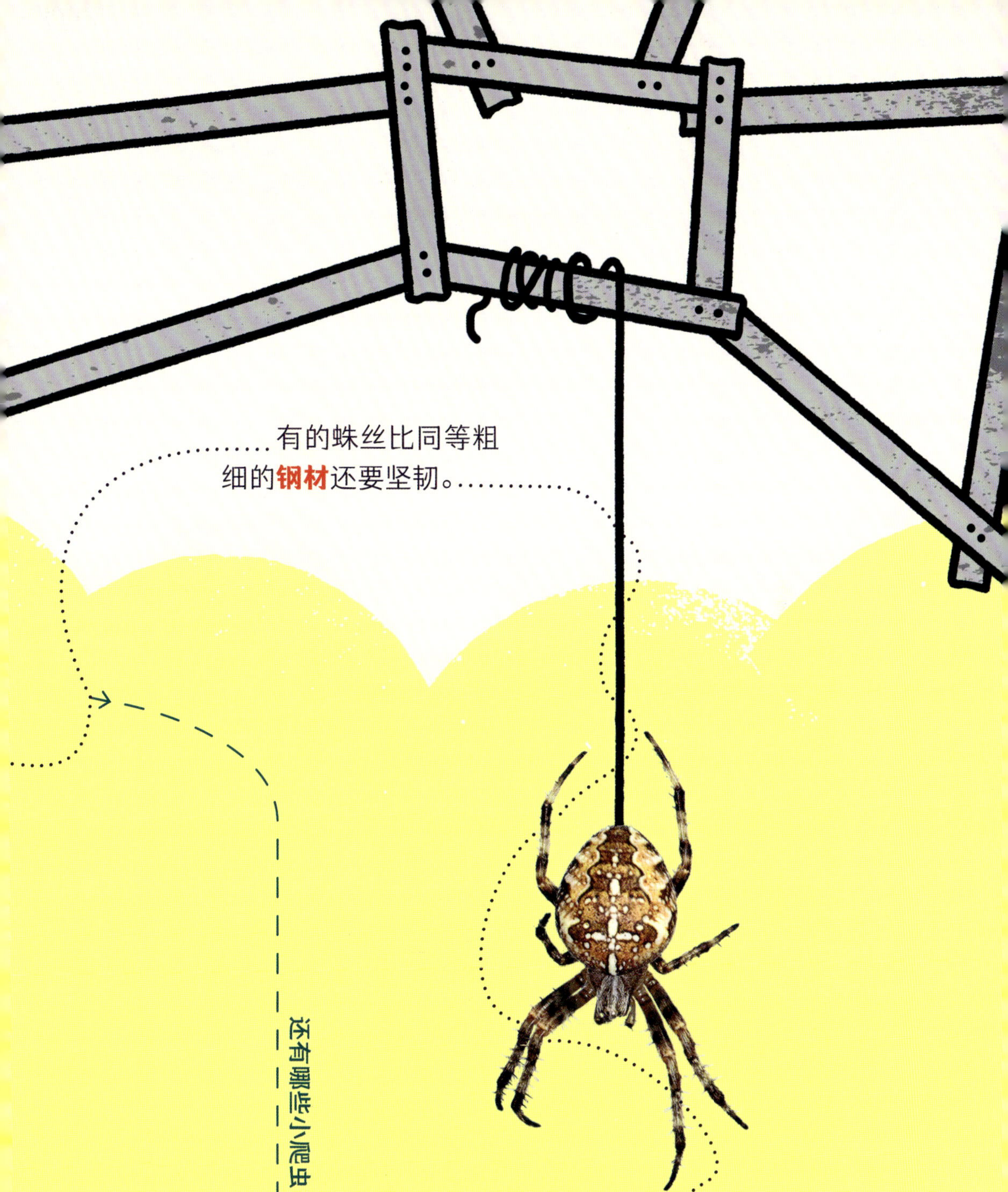

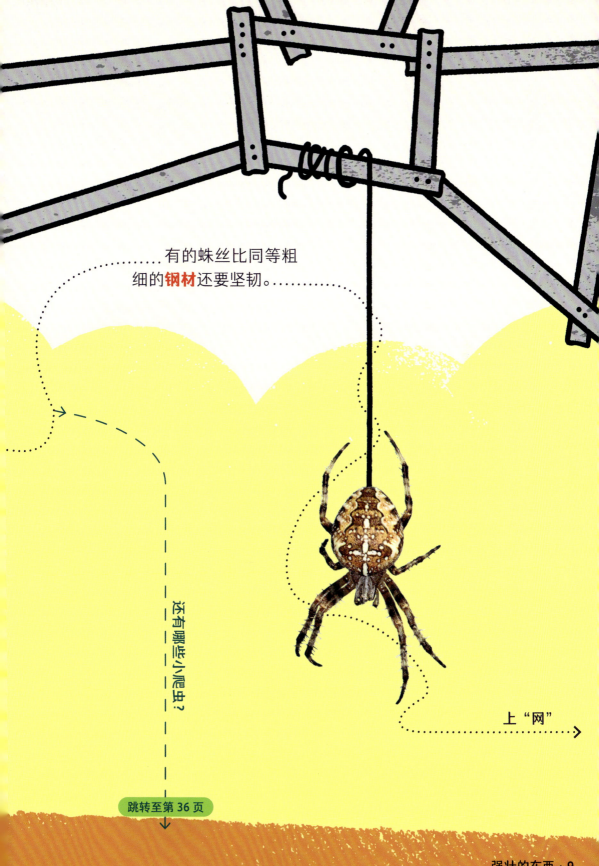

有的蛛丝比同等粗细的**钢材**还要坚韧。

还有哪些小爬虫？
跳转至第 36 页

上“网”

潜水钟蜘蛛生活在水下。它们会将水面的**气泡**带到蛛网下储存起来，气泡中的空气能帮助它们在水下呼吸。

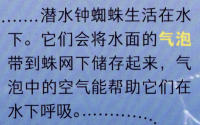

三角织布蛛会把自己和蛛网像**弹弓**一样甩向猎物。

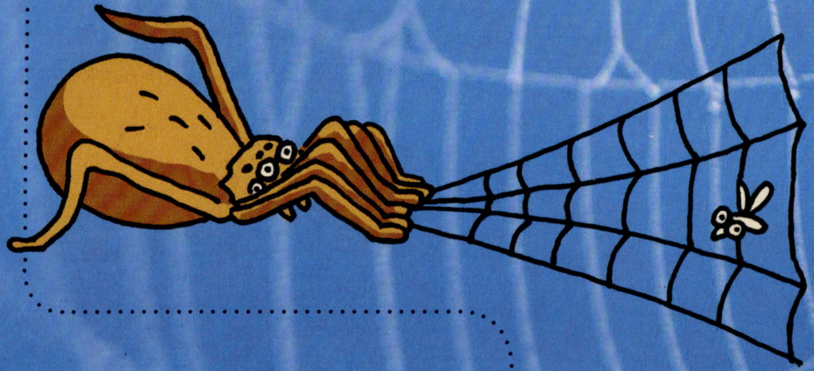

蜘蛛会制造各种不同的**蛛丝**，有的充满弹性，有的则很坚韧。

有些蜘蛛会朝天吐出一束丝线，然后乘势“飞”上天空，这被称为“**乘气球**”。有科学家认为是风和大气电场为它们提供了动力。有的蜘蛛曾被发现在海面上方“飞行”了数百千米远。

海洋深处

有些狼蛛能够向攻击者发射自己的**硬螯**(shì)**毛**。

当心！

跳转至第 122 页

大洋中脊是地球上最长的海底**山**脉，其长度超过 64373 千米，是南美洲的安第斯山脉（陆地上最长的山脉）的 7 倍多。

成年**山**羊的年龄与其**角**轮数量相等。

有的人可以听到自己**眼睛**转动的**声音**或是血液流动的**声音**。

猫头鹰的**眼睛**不是**球形**的，而是管状的。

地球的形状并不是一个完美的**球形**。它实际上是一个扁球体，因为离心力导致其在**赤道**处略微鼓起。

在**赤道**处，**日落**的速度会更快一些。

只有在日出或**日落**时，才能看到单色彩虹（一种全**红**色的彩虹）。

小熊猫（又名**红**熊猫）与浣熊和臭鼬的关系要比和黑白相间的大**熊猫**的关系更为密切。

雄性杰克森变色龙会利用头上的 3 根**角**把其他雄性杰克森变色龙从**树**枝上推下去。

巨型红杉**树**的树皮具有防**火**能力。

火龙卷是一种罕见的由**火**焰形成的龙卷风。这种危险的火焰**风速**可达到每小时 160 千米以上。

海王星上的**风速**比**声音**的传播速度还要快。

研究人员认为，**熊猫**粪便中含有的**微生物**可以帮助人类制造新型生物燃料。

一些科学家认为地球上出现的第一个**微生物**是**紫色**的。

来到古罗马时期

古罗马人利用海螺来制作染布料的**紫色**染料。

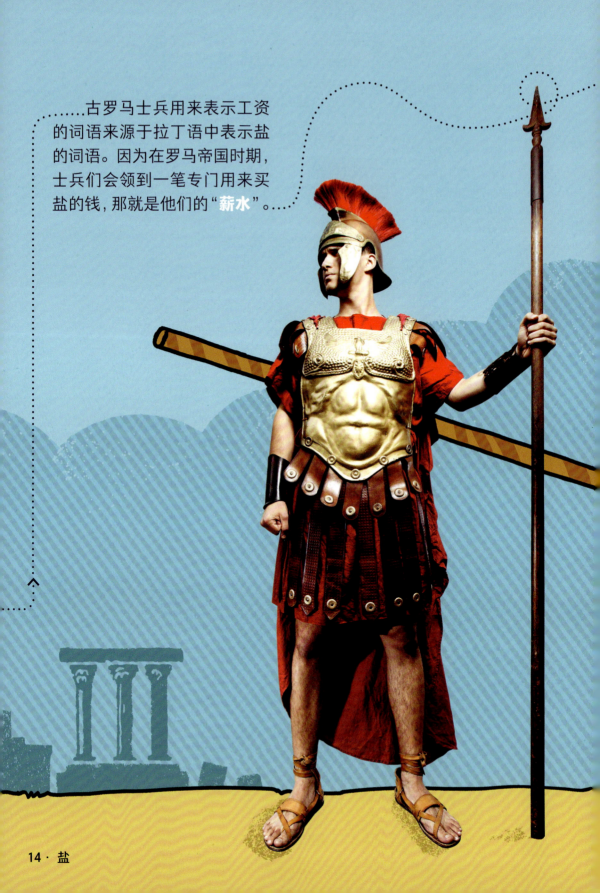

……古罗马士兵用来表示工资的词语来源于拉丁语中表示盐的词语。因为在罗马帝国时期，士兵们会领到一笔专门用来买盐的钱，那就是他们的“**薪水**”。……

叮咚！钱已到账！

雅浦岛是密克罗尼西亚群岛中的一座小岛，岛上的人们曾经把一种中间有孔的**石盘**作为货币。这种货币名为雅浦岛石币，有的甚至比一辆小汽车还要重。

跳转至第 112 页

超超超级大的东西

游戏时间到

新法兰西（今加拿大魁北克省）最初使用的纸币居然是**扑克牌**。

在一副标准的扑克牌中，**红桃 K** 上的国王是唯一一位嘴唇上面没有胡子的国王。

世界上最高的**乐高积木塔**有 35.05 米高，是由约55 万块乐高积木搭建而成的。

神奇的建筑

跳转至第 56 页

在“**土豆头**”玩具最初发行时，你需要自备土豆。

芭比娃娃的全名是芭芭拉·密里森·罗伯兹。

哎哟！

一位工程师在第二次世界大战期间为一艘船制造零件时，意外地发明了**彩虹圈**（一种弹簧玩具）。

冰棍是由一个11岁的孩子发明出来的——他把一根木质搅拌棒留在了含糖液体中，且不小心将其放在寒冷的室外冻了一整晚。

培乐多彩泥（类似橡皮泥和超轻黏土）最初是为了清洁壁纸而发明出来的，结果人们发现它更适合当玩具。

甜蜜蜜

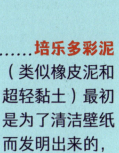

一位工程师在利用雷达技术开展工作时，意外地发现装在口袋里的巧克力棒融化了，于是他利用这一点发明出了**微波炉**。

世界上最大的坚果巧克力棒制作于 2020 年。它重达 2695 千克，相当于**4 只雄性成年北极熊**的重量。

在法国，小鱼造型的巧克力是在**愚人节**时非常受欢迎的一种零食。

巧克力是用可可树的果实——可可豆做成的。玛雅人和阿兹特克人认为可可豆具有**魔力**，所以会在一些仪式中使用它。

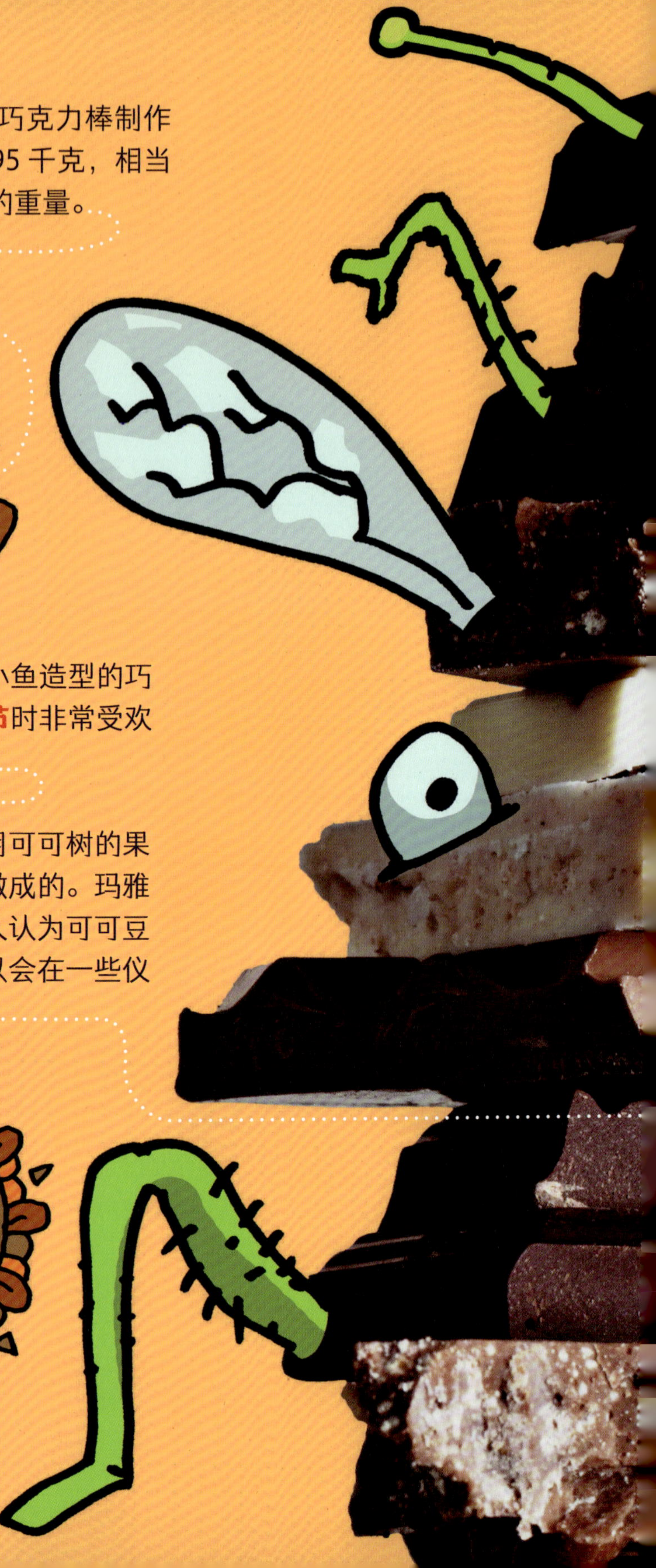

饱餐一顿
跳转至第 184 页

准备起飞

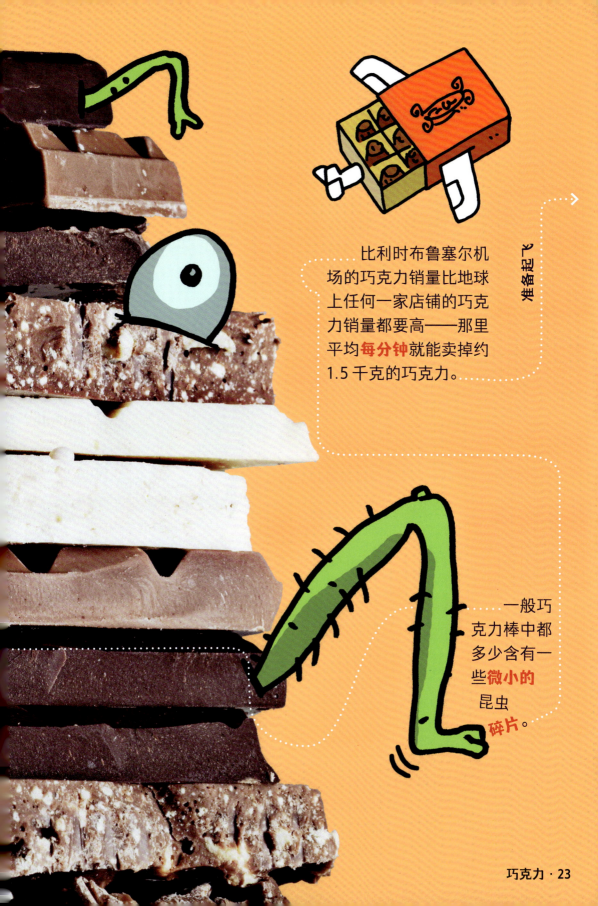

比利时布鲁塞尔机场的巧克力销量比地球上任何一家店铺的巧克力销量都要高——那里平均**每分钟**就能卖掉约 1.5 千克的巧克力。

一般巧克力棒中都多少含有一些**微小的**昆虫**碎片**。

飞机在天空中留下的烟云痕迹被称为“**飞机尾迹**”——那是由飞机发动机释放出的水蒸气凝结而成的。

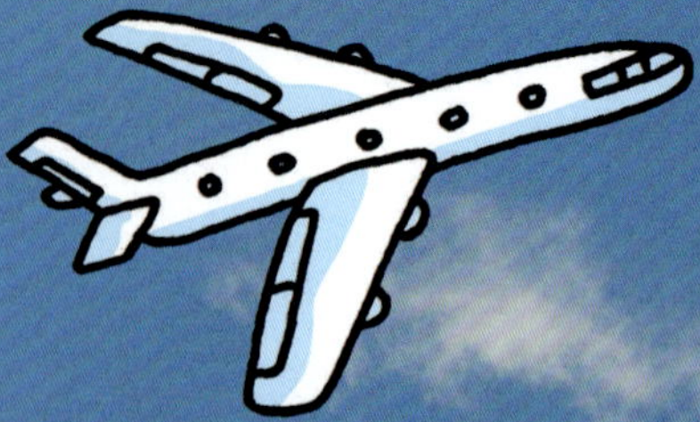

一只羊、一只公鸡和一只鸭子

是有史以来第一批乘坐热气球的“乘客”。

跳转至第 118 页

那是一只鸟吗？

黑白兀鹫（jiù）是世界上飞行高度最高的鸟类。它们曾被发现在约 11000 米的高空与飞机并肩飞行。

迄今为止发现的**最大翼龙**的翼展比 F-16 战斗机还要宽。

下雨时的**雨滴**形状其实并不像泪滴，而更像是豆状软糖。

哗啦！

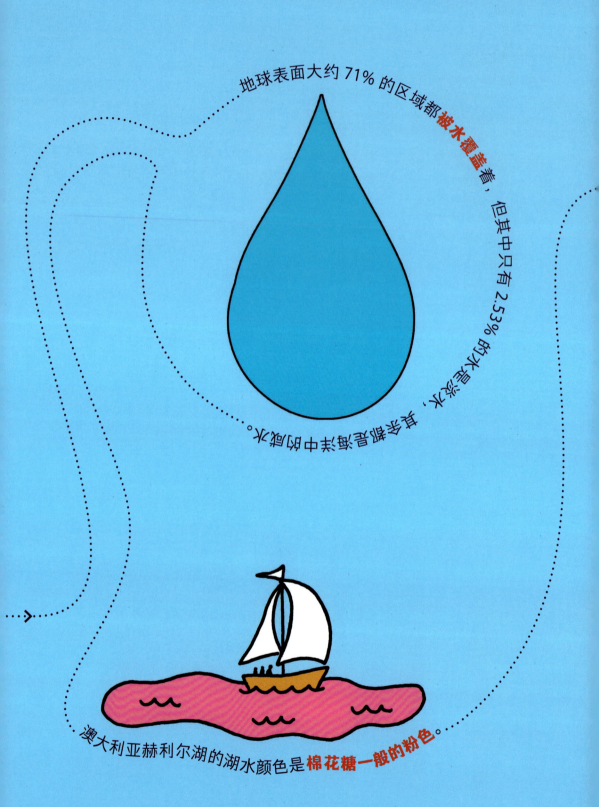

地球表面大约 71% 的区域都**被水覆盖**着，但其中只有 2.53% 的水是淡水，其余都是海洋中的咸水。

澳大利亚赫利尔湖的湖水颜色是**棉花糖一般的粉色**。

亚马孙河曾经的流向与今日的**流向相反**。

河口是一条**河流的终点**。

顺流而下

雨落下前，一种“泥土”的**味道**在空气中弥散，这种味道被称为潮土油。

尼罗河是世界上最长的河流。它全长6671千米，

共流经 11 个国家。

是谁在这里潜伏着？

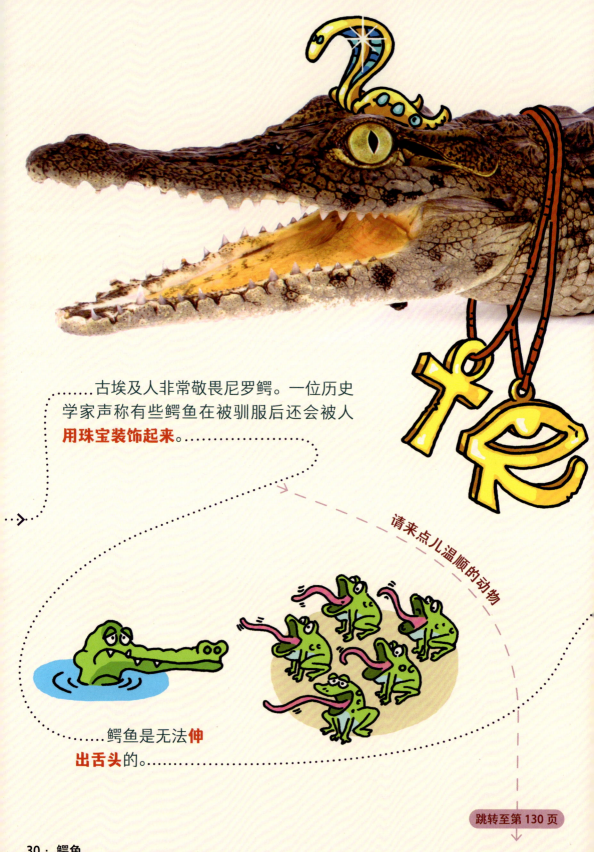

古埃及人非常敬畏尼罗鳄。一位历史学家声称有些鳄鱼在被驯服后还会被人**用珠宝装饰起来**。

请来点儿温顺的动物

鳄鱼是无法**伸出舌头**的。

跳转至第 130 页

来仔细看看牙齿

有些鳄鱼一生中会换**3000颗牙齿**。

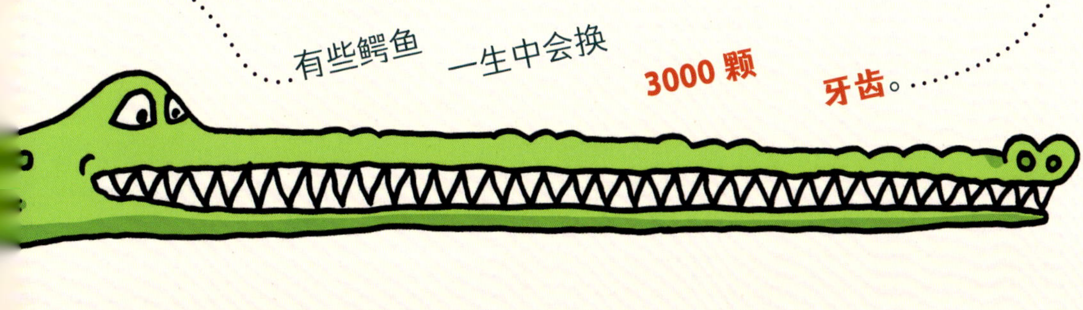

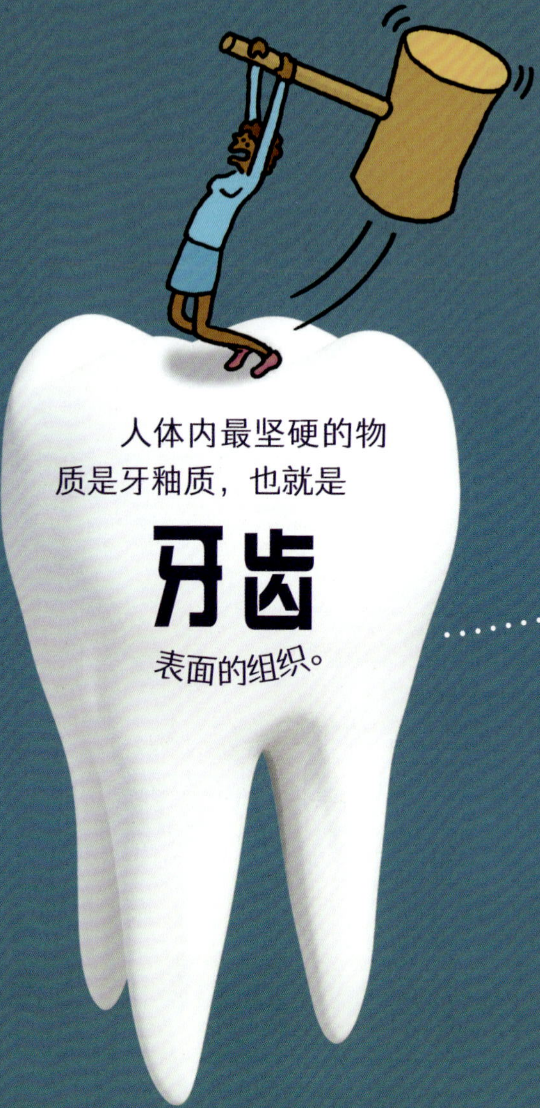

人体内最坚硬的物质是牙釉质，也就是

牙齿

表面的组织。

说“茄子”！

黑猩猩有时会通过露齿**微笑**来示弱，在战斗后它们会通过露齿笑来表示和解。

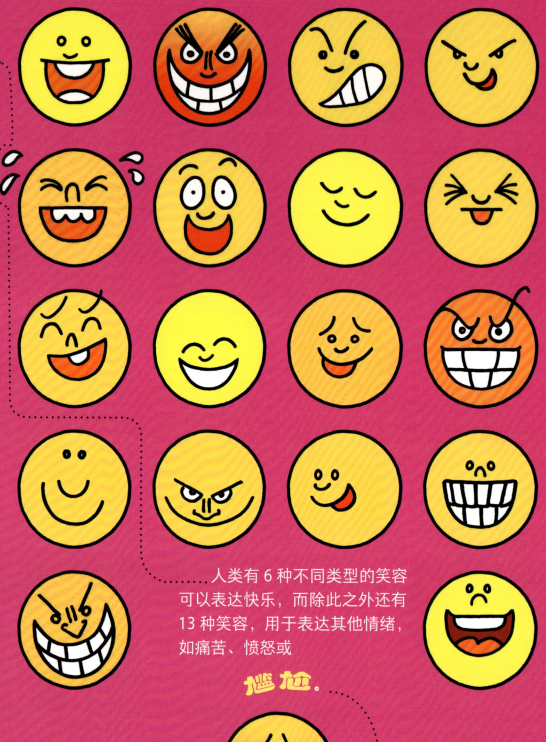

人类有 6 种不同类型的笑容可以表达快乐，而除此之外还有 13 种笑容，用于表达其他情绪，如痛苦、愤怒或

尴尬。

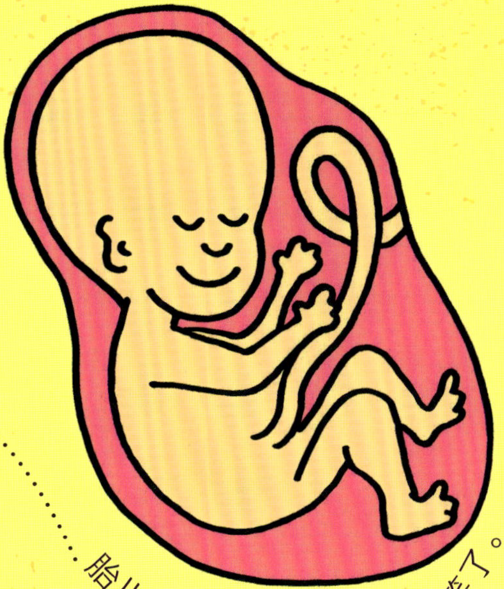

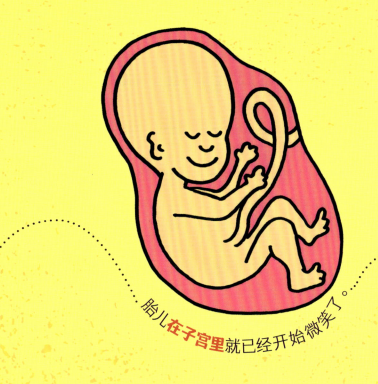

胎儿**在子宫里**就已经开始微笑了。

更多虫子

人面蝽（chūn）因其**背上的图案**而得名——它的后背看起来就像是一张暴躁的人脸。

蜣螂即使在夜间也能**沿着一条直线**滚动它们的粪球。它们会利用银河发出的光来确认方向。

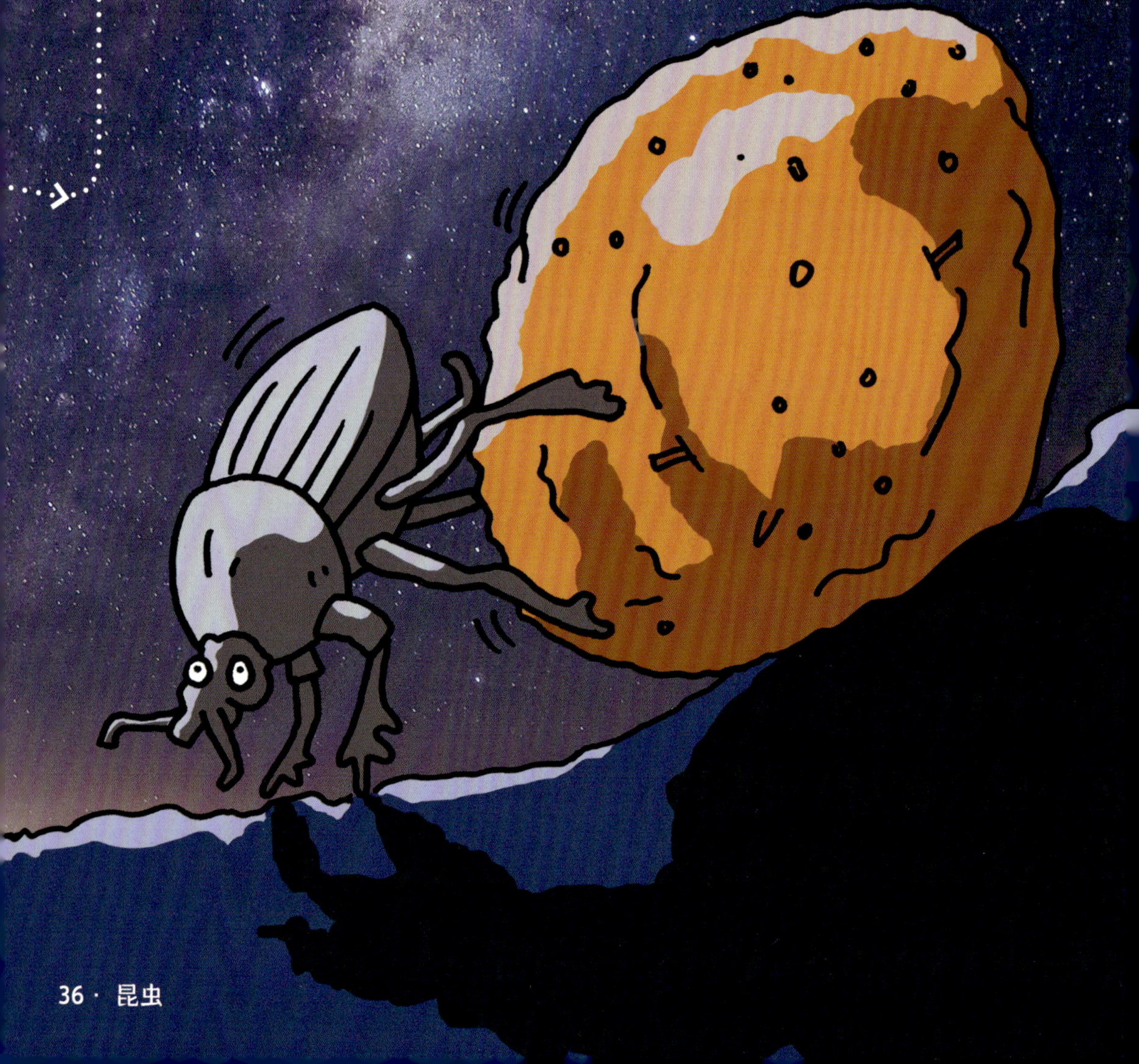

蜜蜂是有**情感**的。

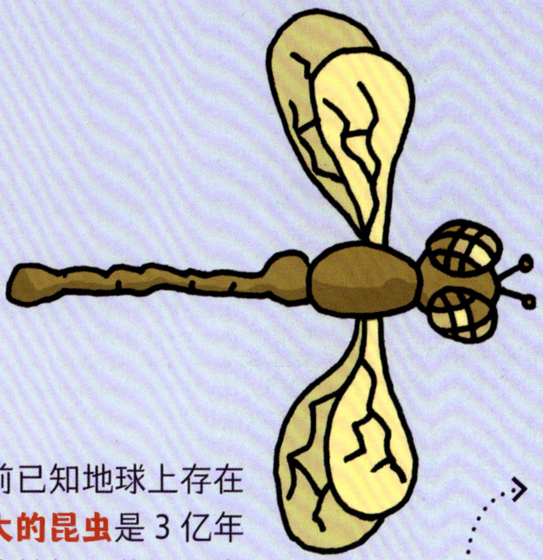

目前已知地球上存在过的**最大的昆虫**是 3 亿年前的巨脉蜻蜓，体形跟海鸥差不多。

昆虫是**最早**学会飞行的**动物**。

地球上大约生活着 **10^{19}** 只昆虫。

1 的后面有多少个 0？

昆虫躲猫猫

跳转至第 23 页

10^{18} 即 1 后面跟着 18 个零。

大约 1800 万年前，人类的祖先是长有尾巴的。

有些动物会将自己的尾巴当作武器。比如，鲨鱼用自己的尾巴拍打猎物，使其陷入眩晕。

西班牙的国歌没有歌词。

西方国家的小孩掉牙后会将牙齿放在枕头下面留给“牙仙”，而在西班牙，“牙仙”是一只小老鼠。

有一种老鼠对被蝎子蜇伤后渗入体内的毒液有免疫能力。

科学家曾利用蛇毒为高血压患者开发新药。

一颗正常的人类心脏每天大概会泵血 7571 升，以完成人体内的血液循环。

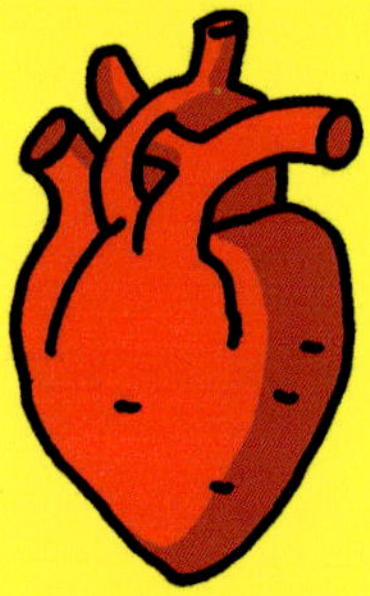

鲨鱼没有外耳，它们的“耳朵”就是头顶上的两个小孔。

人体内最小的 3 块骨头都分布在内耳处，分别是锤骨、砧（zhēn）骨和镫（dèng）骨。

位于美国阿拉斯加州海恩斯的锤子博物馆，共陈列有 2000 多把锤子。

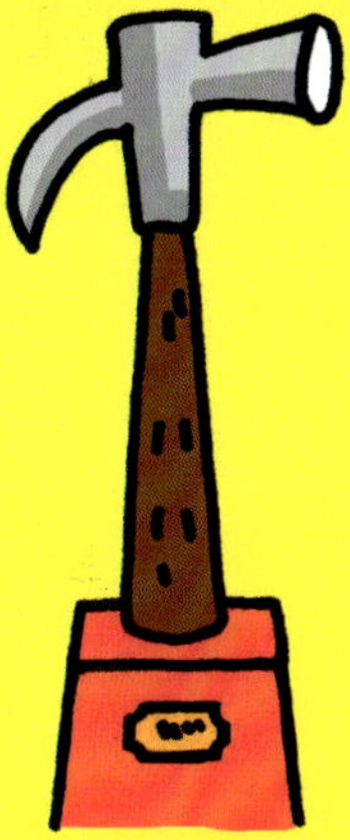

美国阿拉斯加州的官方运动项目之一是狗拉雪橇。

狗一般能够理解 165 个左右的词语。

美国新墨西哥州有一家只有一个开球区的高尔夫球场。它的开球区位于山顶，而球洞位于山脚下，两处相隔超过 4 千米。

心脏在你整场生命旅程中大约会跳动 25 亿次。

别有“洞”天

黑洞的引力强大到连光都无法从中逃脱。就算是最小规模的黑洞也有太阳质量的 **3 倍**。

发射升空！
跳转至第 84 页

科学家在美国加利福尼亚州海岸附近发现了 5000 多个奇怪的海底洞穴，但他们尚未弄清楚这些洞穴是如何形成的。

没有人知道为什么 2000 年前的古人会创造出位于秘鲁的**纳斯卡线条**。只有从空中俯瞰，才能看清这些线条的全貌——它们有的呈现出蜘蛛、蜂鸟或是羊驼等动物的形象，有的则是螺旋形、直线或是梯形等几何形状。

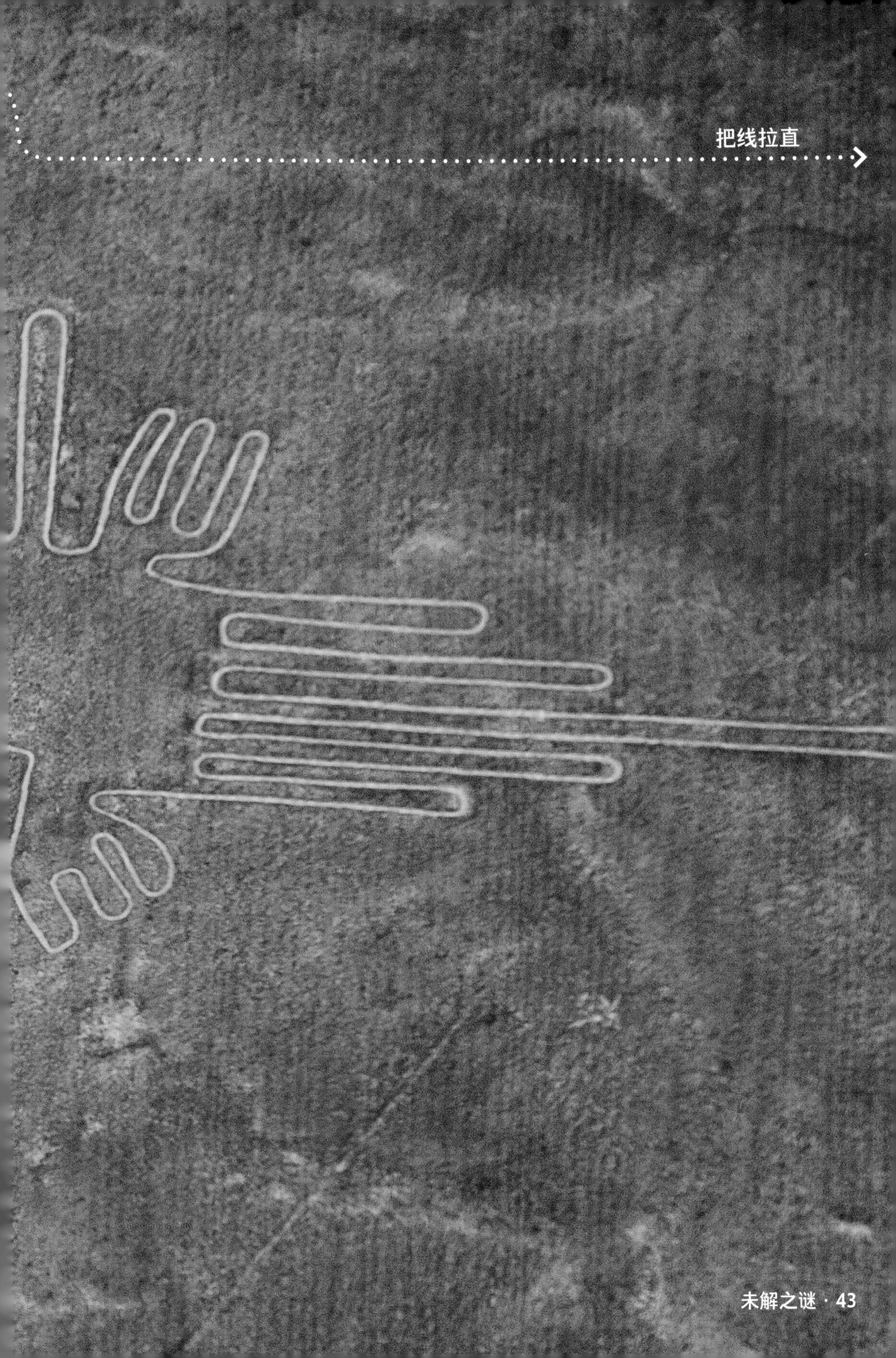

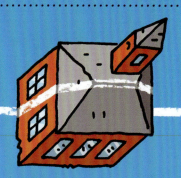

……一小部分美国和加拿大的**边境线**从一座图书馆中间穿过。……

……白令海峡中有两座外号为“昨天岛”和“明天岛”的小岛。尽管它们相距还不到 4 千米，但被**国际日期变更线**隔开——这意味着一座岛上的时间要比另一座早 24 小时。……

嘀嗒嘀嗒！

跳转至第 148 页

最长的橡皮鸭长龙一共有**19919 只鸭子**，
总长超过 1.6 千米。

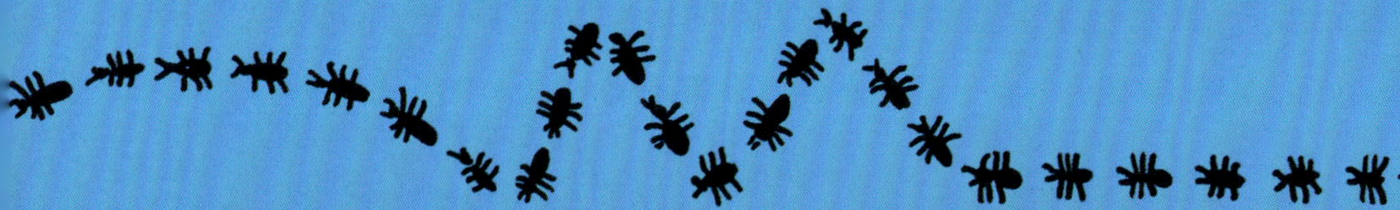

蚂蚁出行时可以走出直线、曲线或锯齿状的路线，
因为它们是顺着前面的蚂蚁留下的**带有特殊气味的化学物质的痕迹**行进的。

据说如果将全球所有卖出的《哈利 · 波特》
系列丛书一字排开，可以**绕地球** 16 圈以上。

走，去环绕地球！

太空中有数以万计的**太空垃圾**（大到一颗旧卫星，小到一只航天员手套）以大约每小时 24700 千米的速度绕着地球转。它们有点儿像地球的卫星——月球。

跳转至第 146 页

咻——！

万万想不到

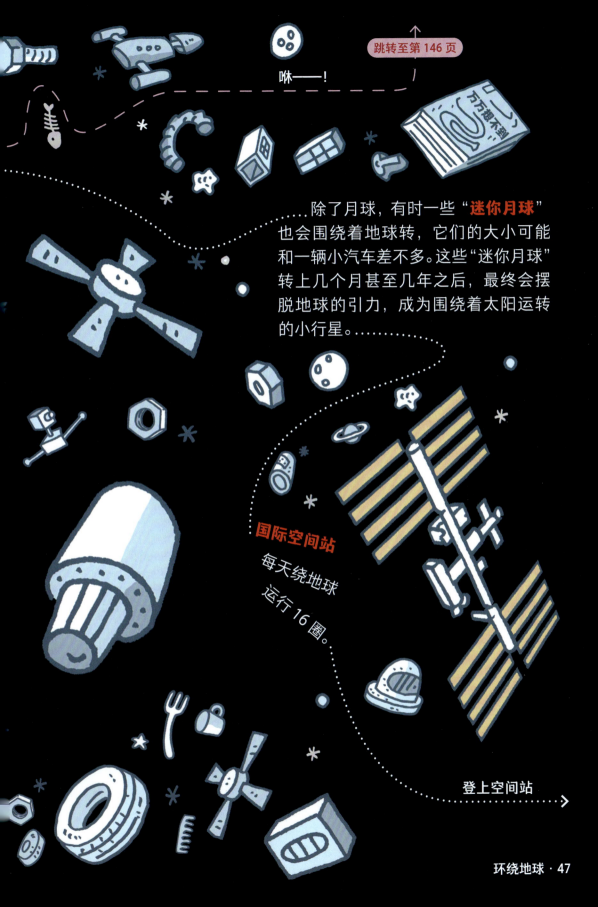

除了月球，有时一些“**迷你月球**”也会围绕着地球转，它们的大小可能和一辆小汽车差不多。这些“迷你月球”转上几个月甚至几年之后，最终会摆脱地球的引力，成为围绕着太阳运转的小行星。

国际空间站

每天绕地球运行 16 圈。

登上空间站

国际空间站上的生活空间比一幢六居室的房子的空间略大一些。

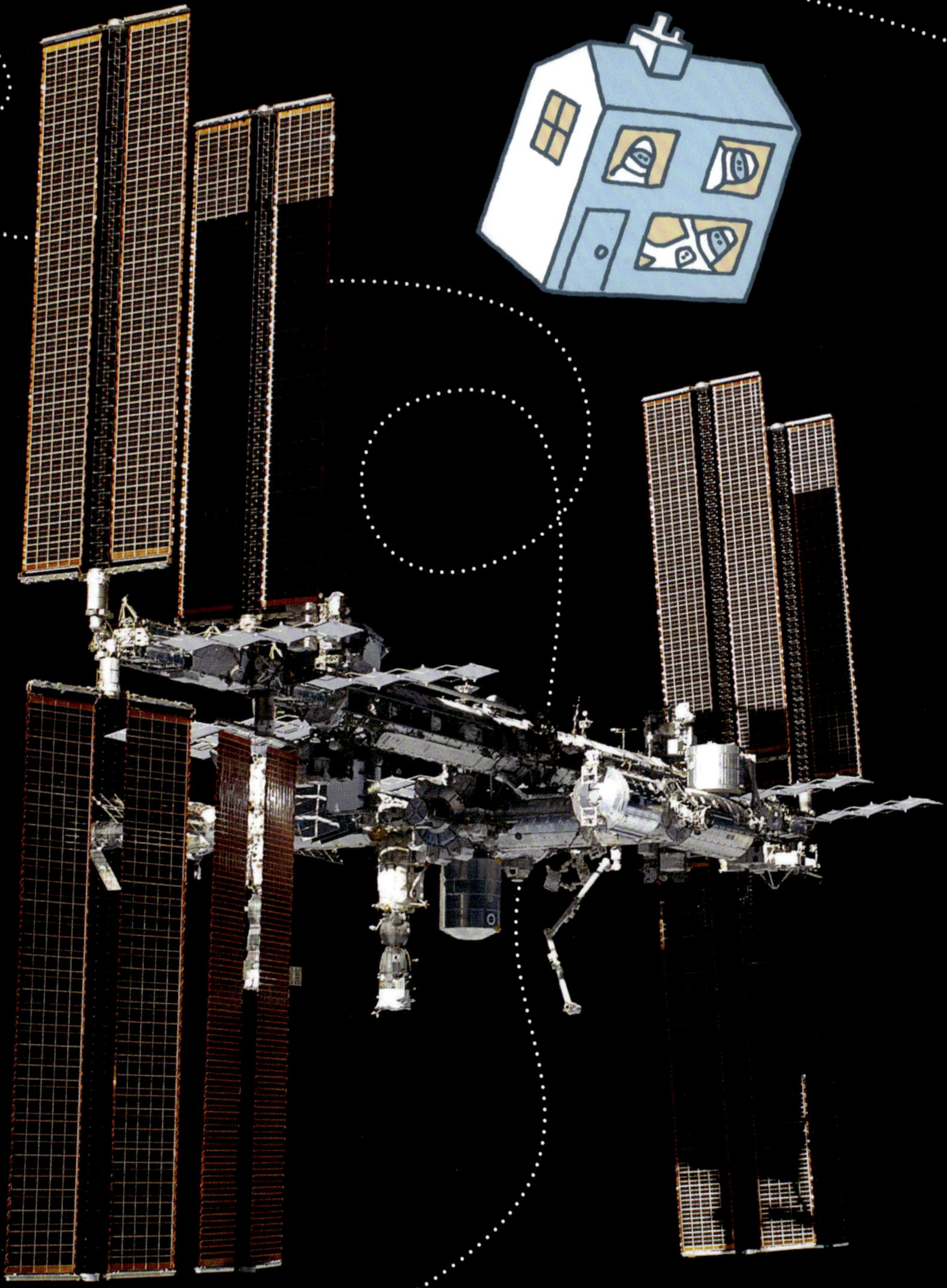

国际空间站上有超过 50 台计算机，运行着 450 多万行的代码。

国际空间站是人类有史以来建造出的最为昂贵的设施。

国际空间站的一些设施可将航天员们的尿液转变为饮用水。

国际空间站上有 3 个飘在空中的机器人助手，叫作“太空蜜蜂”。它们的名字分别是“蜜糖”（Honey）、“女王”（Queen）和“嗡嗡”（Bumble）。

了不起的机器人

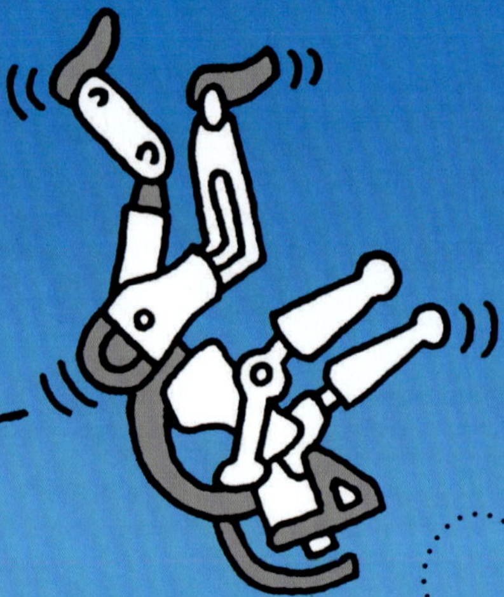

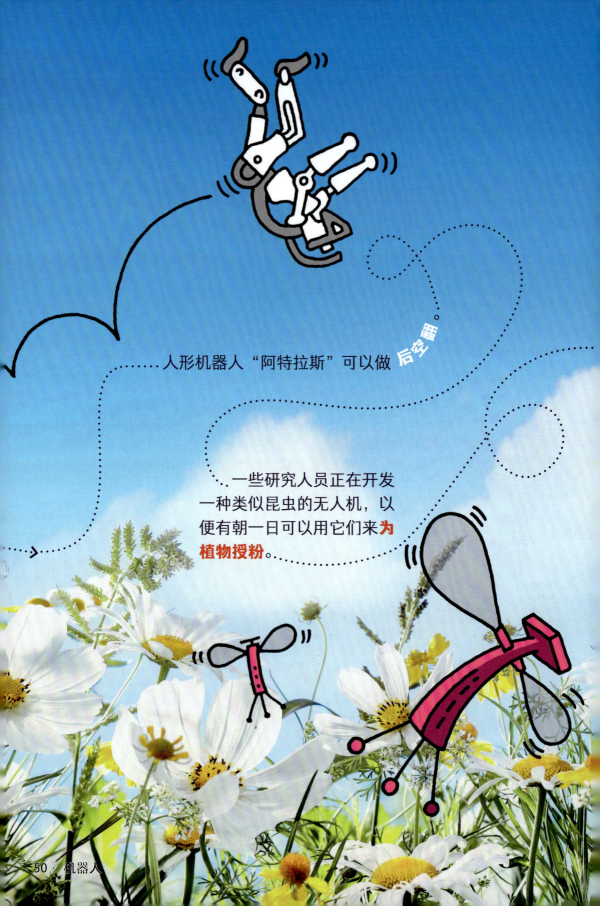

人形机器人“阿特拉斯”可以做**后空翻**。

一些研究人员正在开发一种类似昆虫的无人机，以便有朝一日可以用它们来**为植物授粉**。

世界上**第一个“机器人”**是一只机械木鸟，诞生于 2500 多年前的中国，据说是鲁班发明的。

跳转至第 20 页
灵机一动

科学家通过研究萤火虫，创造出了一种更亮的新型 **LED** 灯泡。

子弹头列车的样式是工程师模仿翠鸟的喙来设计的。因为翠鸟扎入水中捕猎时几乎悄无声息，而且不会溅起水花。这样的设计可以使列车在运行时更安静且更高效。

……白蚁可以建造出比长颈鹿还高的巨大蚁丘，并且这种蚁丘还有天然的恒温系统，冬暖夏凉。建筑师在设计新的**节能建筑**时，会参考这种蚁丘。……

野生建筑师

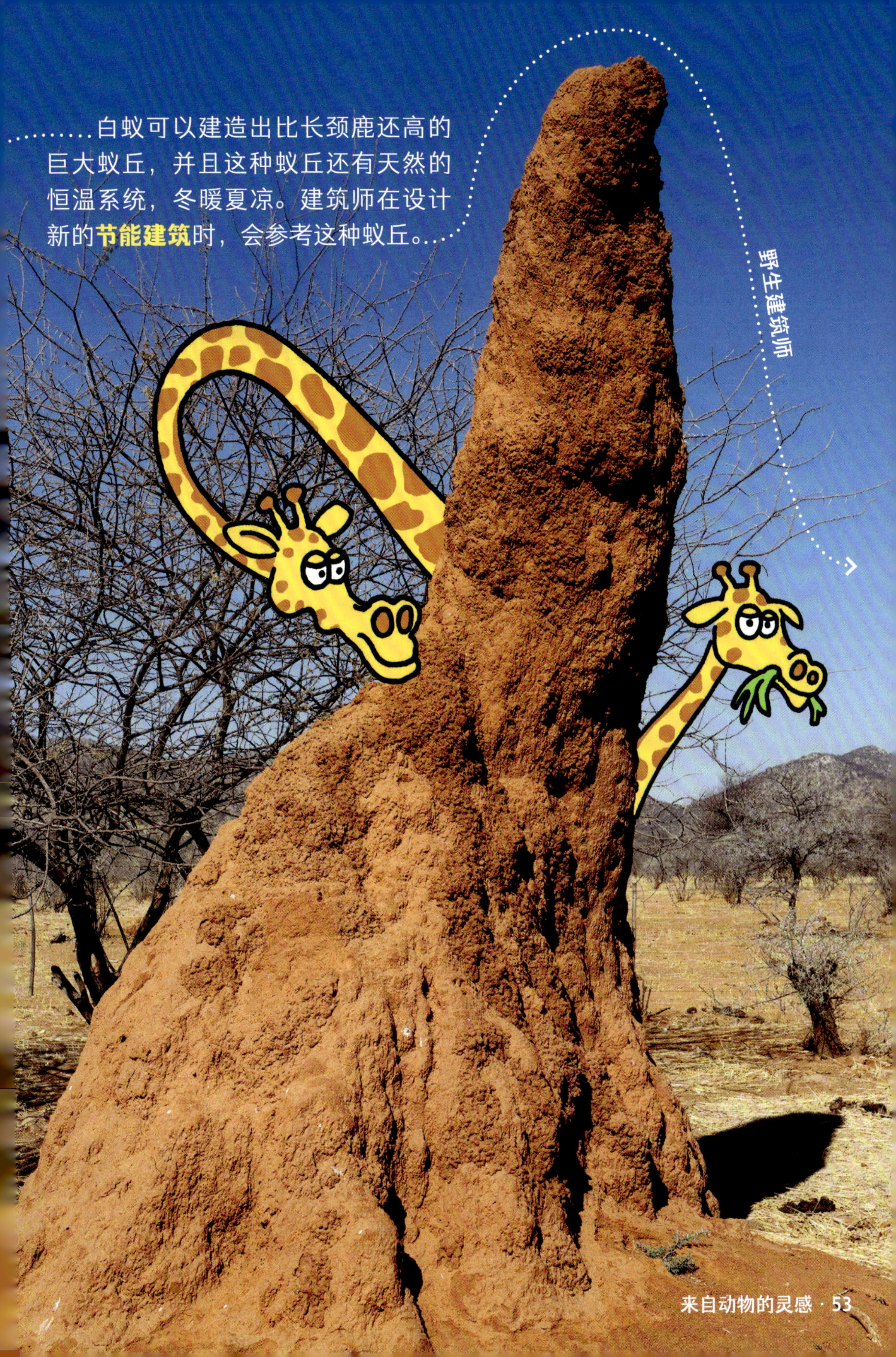

世界上最大的“**河狸水坝**”位于加拿大艾伯塔省，其规模大到甚至可以被太空中的卫星捕捉到。该地区的河狸从 20 世纪 70 年代开始就在建造这个水坝了。

园丁鸟能够搭建出结构复杂的**凉亭状巢穴**，而且还会用五颜六色的物品来装饰它，比如鲜花、贝壳，有时甚至会用到废弃的锡箔纸等亮闪闪的垃圾。

正在施工中

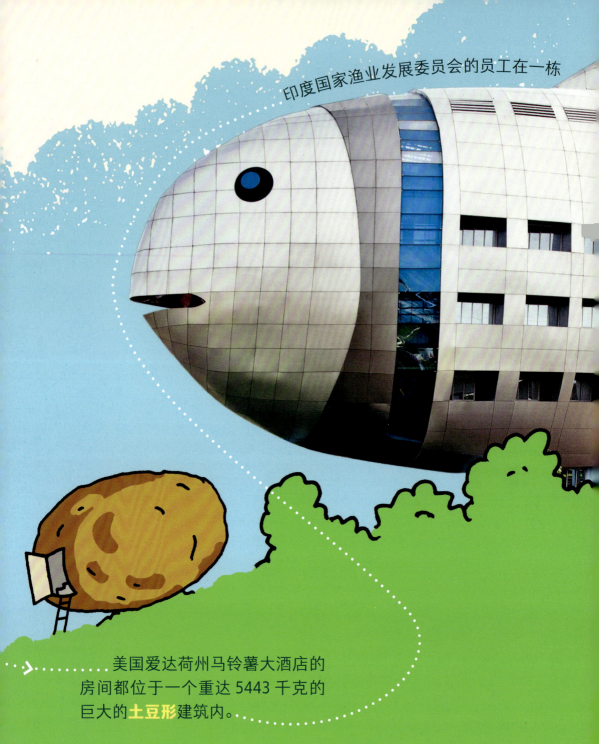

印度国家渔业发展委员会的员工在一栋

美国爱达荷州马铃薯大酒店的房间都位于一个重达 5443 千克的巨大的**土豆形**建筑内。

巨大的**鱼形**办公楼里工作。

位于荷兰阿姆斯特丹的“前沿”大厦（The Edge）是世界上**最智能的建筑**之一。它一共有 28000 个传感器，可以识别你的车辆并指引你找到停车位，为你分配办公桌，甚至还能记住你喜欢的咖啡种类。

智能化的未来

有人预测，未来生活在城市里的人们可能会

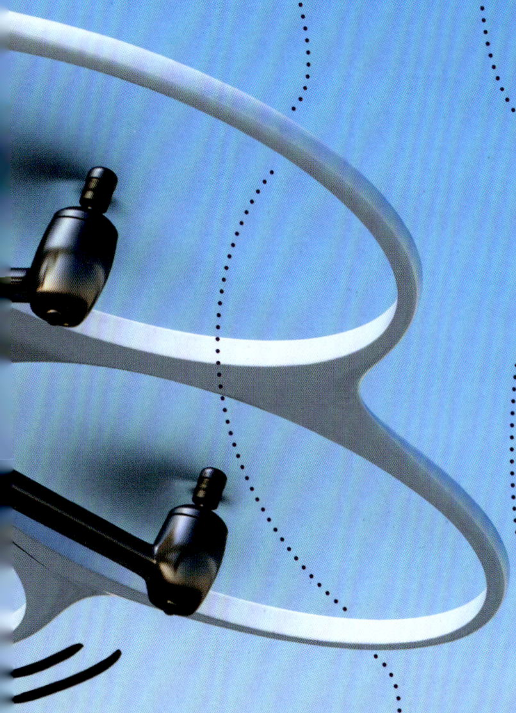

乘坐巨型**无人机**上班或上学。

工程师们正在开发一款不需要电池的**智能手表**，只需要人类的汗液为其供电。

当你前往体育场观看重要的比赛时，你也许能够看到**全息回放**和根据个人喜好而定制的影像内容，这样你就再也不会错过最喜欢的球员的精彩瞬间了。

有公司正在设计**智能服装**，比如可以追踪心率的衬衫，可以分析跑步姿势的袜子，以及可以与手机应用程序互动的夹克。

穿上衣服 →

使劲嗅一嗅
跳转至第 124 页

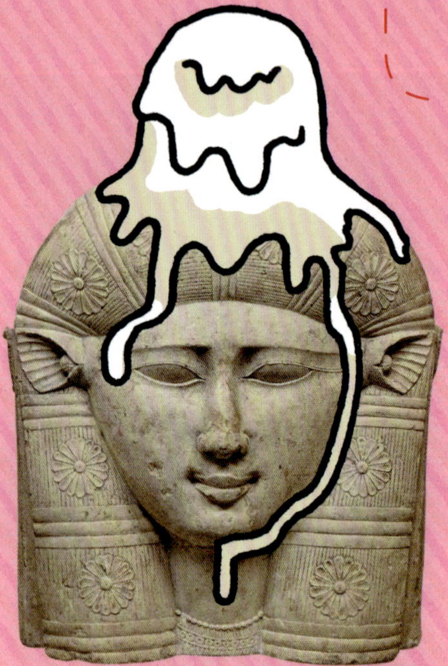

……古埃及有一种蜂蜡做成的**锥形帽子**。这种帽子质地柔软，在阳光下会融化。……

……16 世纪的意大利妇女会穿一种叫作“乔品鞋”（chopines）的**厚底鞋**。这种鞋的鞋底很厚，以至于她们必须在随从的陪同下走路才不会摔倒。……

经皇家任命 →

法国王后玛丽·安托瓦内特（Marie Antoinette）曾经做过一个带有一艘**帆船模型**的发型，以庆祝海军赢得了某场战斗的胜利。

据说埃及女王**克利奥帕特拉**（Cleopatra）为她的船帆都喷上了气味浓烈的香水。

“天鹅的领主”是**英国国王**所拥有的众多头衔中的一个，从理论上来说，这意味着英国所有无主的疣（yóu）鼻天鹅都属于他。

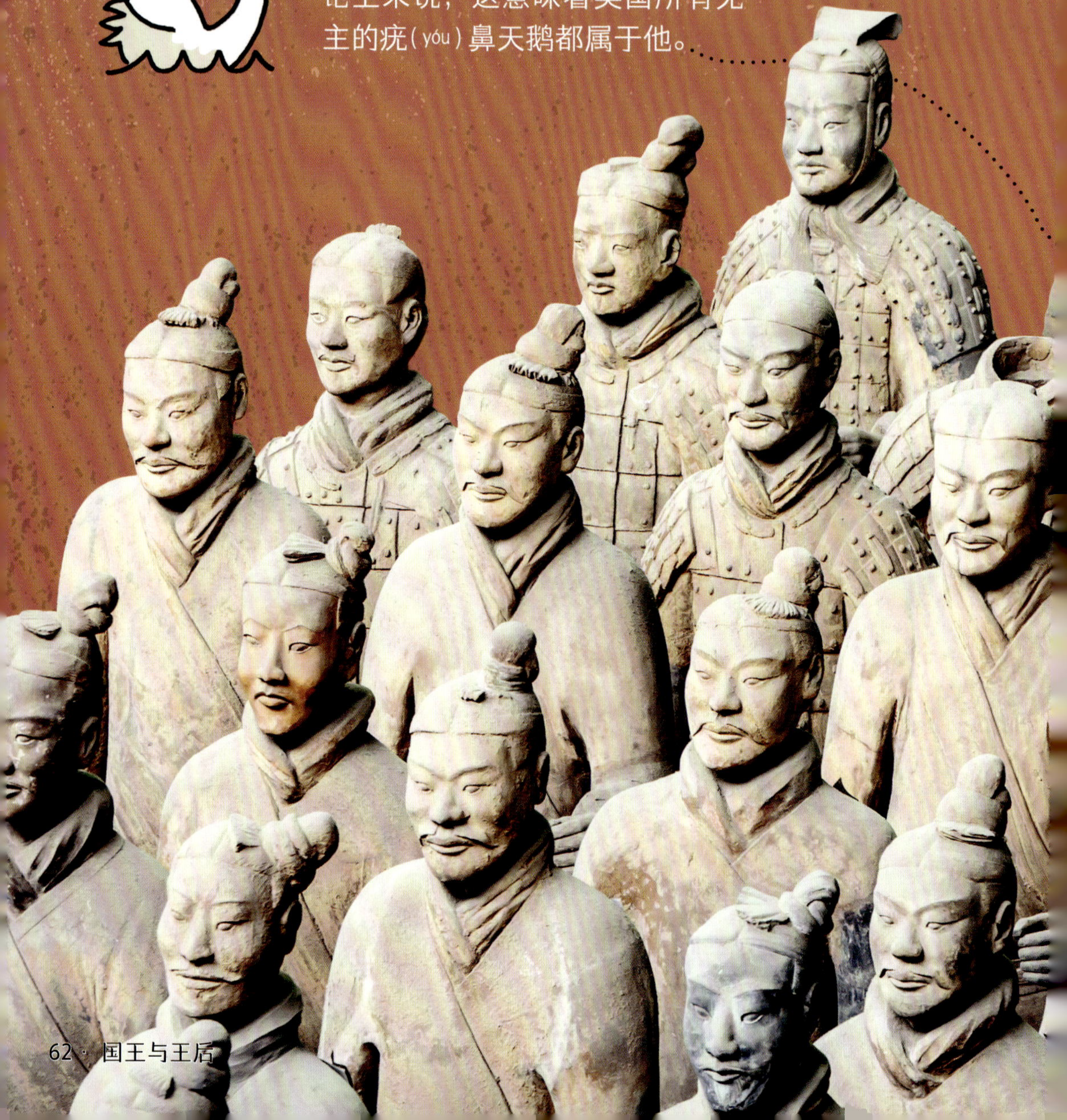

一些**印加皇帝**穿的衣服是用蝙蝠毛皮做的。

马其顿国王**亚历山大大帝**（Alexander the Great）曾用他爱马的名字“布西法拉”为一座城市命名，以此来纪念它。

向城堡出发！

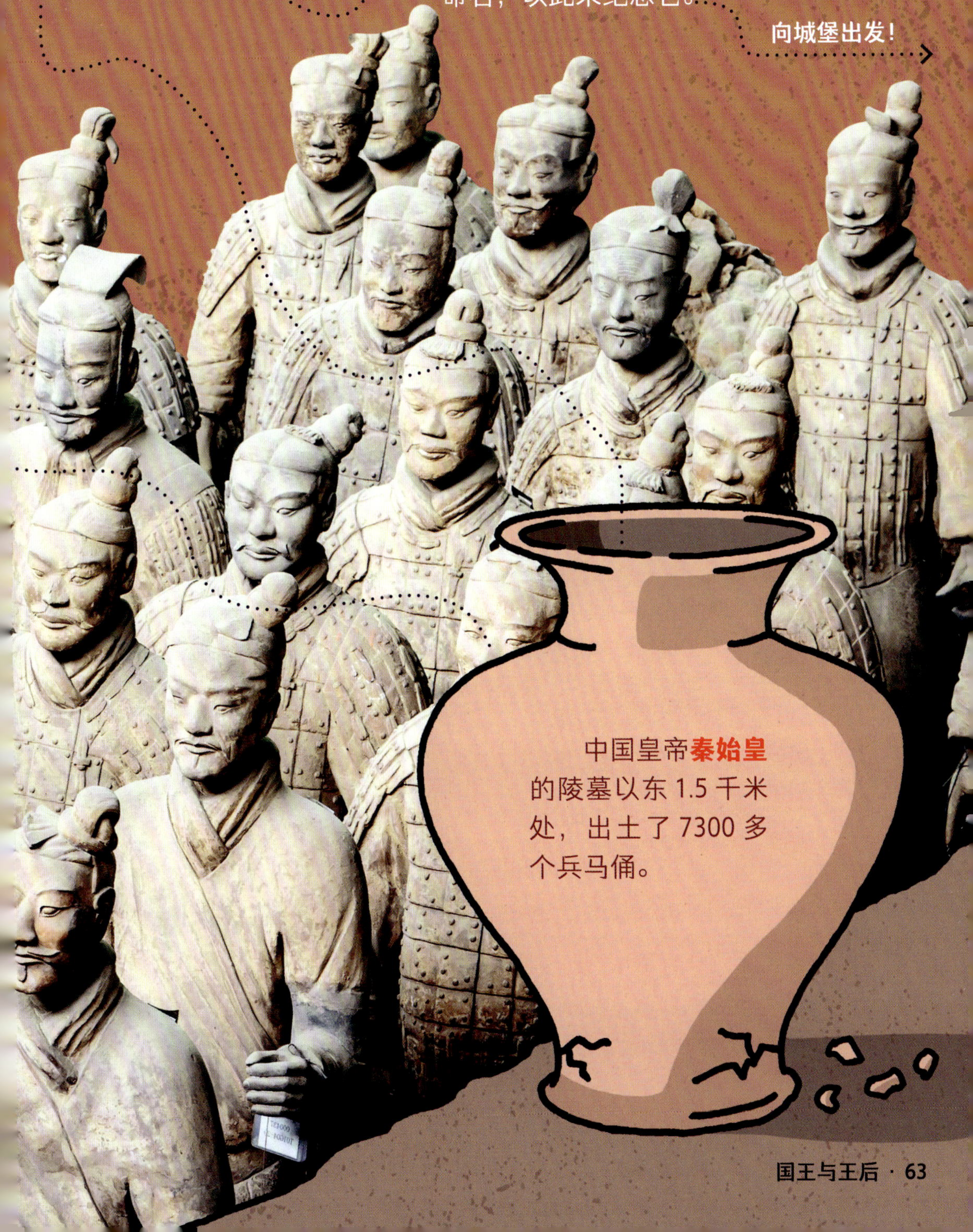

中国皇帝**秦始皇**的陵墓以东 1.5 千米处，出土了 7300 多个兵马俑。

迪士尼乐园中睡美人城堡的造型灵感来自德国的**新天鹅堡**。

日本的**姬路城**曾有过 84 道城门。有些城门是通往死胡同的，以此来迷惑袭击者。

……叙利亚**骑士堡**的防御墙差不多有 30 米厚。

……斯洛文尼亚的**普利雅玛城堡**建在一个山洞的入口处，并且有一个秘密通道系统。

……世界上**最高的沙堡**位于丹麦，有 21.16 米高，于 2021 年建成。此前世界上最高的沙堡位于德国，高约 18 米，上面建有炮塔，底部还卧有一条龙。

难以置信

探险家马可·波罗（Marco Polo）以为自己在旅行中偶然发现了**独角兽**——但那实际上可能是犀牛。

克里斯托弗·哥伦布（Christopher Columbus）声称自己在美洲之旅中看见了**美人鱼**——虽然那很可能是一些海牛。

更多“骗子”动物
跳转至第 134 页

跳转至第 122 页

吸血鬼鱿鱼又叫幽灵蛸，它不会像大部分其他种类的鱿鱼或章鱼那样向攻击者喷射墨汁，而是喷射一种发光的黏液。

吸血蚁

（卡米拉迷猛蚁）

是地球上咬合速度最快的动物——它们的咬合速度是你眨眼速度的 5000 倍。

剑吻鲨可以将下颌向前延伸，然后再缩回，这样可以快速袭击猎物。

飞蜥可以在空中滑翔。它们将两侧的翼膜作为滑翔帆，并用尾巴操纵方向。

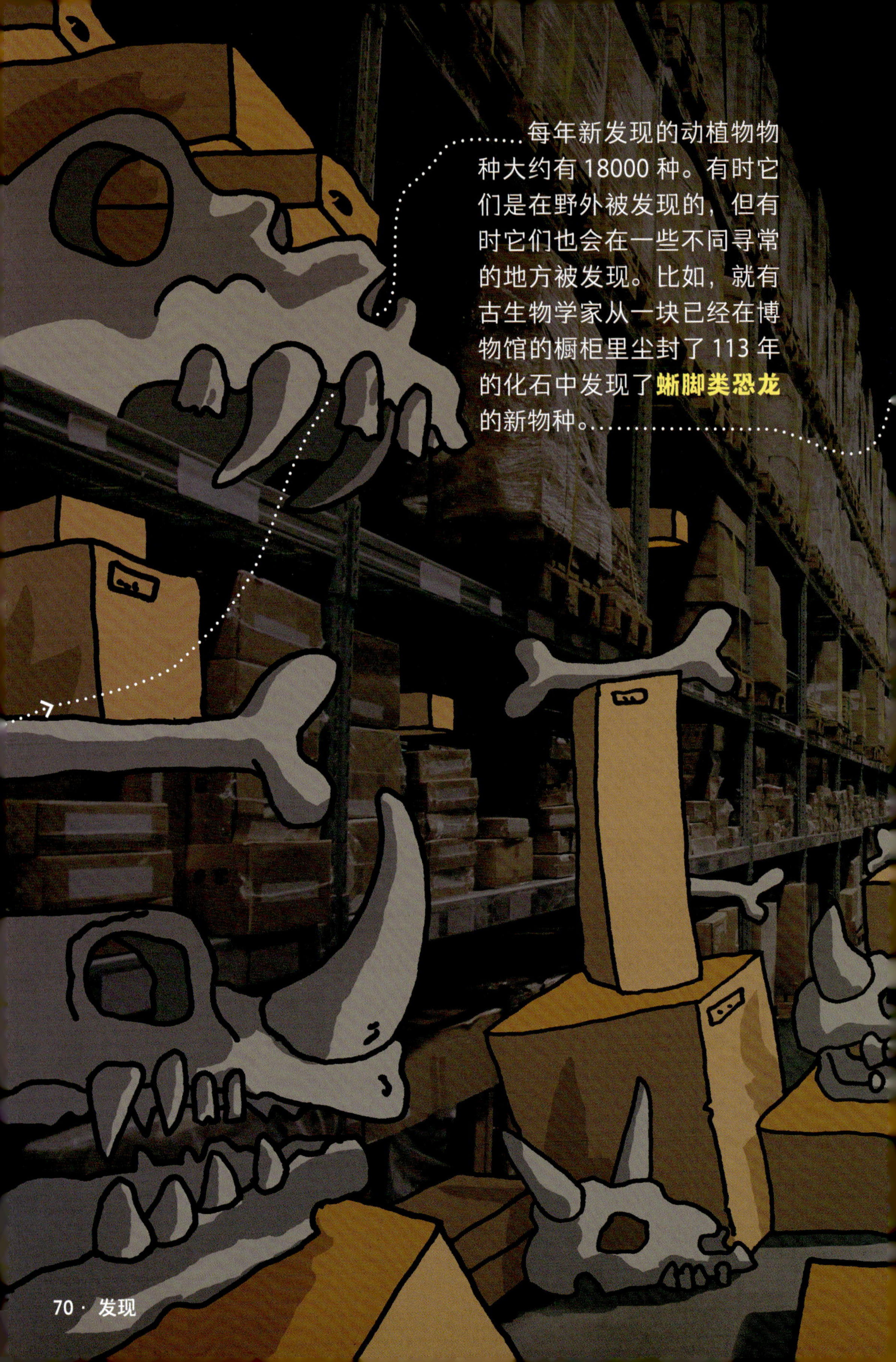

每年新发现的动植物物种大约有 18000 种。有时它们是在野外被发现的，但有时它们也会在一些不同寻常的地方被发现。比如，就有古生物学家从一块已经在博物馆的橱柜里尘封了 113 年的化石中发现了**蜥脚类恐龙**的新物种。

把它展览出来吧！

美国得克萨斯州有一个博物馆，里面的1000多件艺术品都是在**马桶**盖上创作的。

猫头鹰的**脑袋**可以往两侧自由旋转 270 **度**，是所有动物里头部旋转角度最大的。

管眼鱼的**脑袋**是透明的，人们可以从外面**看**到其头部的构造。

一所大学给一只 8 岁的治疗**犬**穆斯（Moose）颁发了兽医学荣誉**学位** *。

非洲野**犬**的每只**爪子**上只有 4 根脚趾，而其他种类的狗都是前脚 5 根、后脚 4 根。

* 此处的“学位”与上一条的“度”在英语中均为“degree”。

一家珠宝公司制作了一个镶嵌有40815颗**钻石**的**马桶**座，创下了世界纪录。

有些**钻石**的历史几乎和**地球**自身的历史一样悠久。

早期的大气层使得**地球**从太空中看起来是**橙色**的。

篮球在一开始并不是**橙色**的，而是棕色的。但是，为了让球员和球迷都能够更好地**看**清球的位置，它的颜色被更换成了橙色。

花朵的威力

袋鼠爪花是一种植物，因其花朵酷似袋鼠的**爪子**而得名。

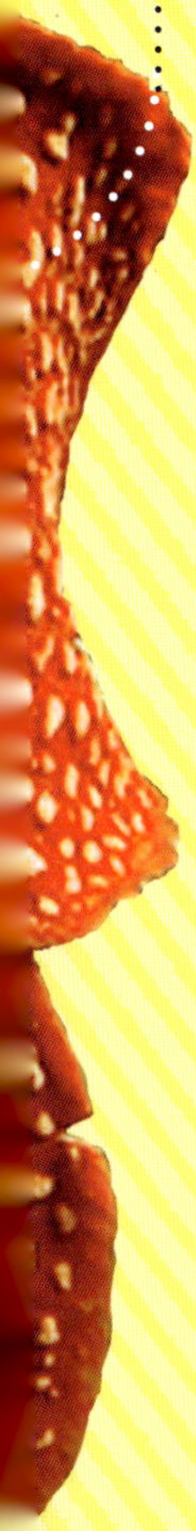

世界上最大的花是产自东南亚的**大王花**。一朵大王花的重量差不多相当于一只小型犬的重量，而且花朵中央的开口大到足以容纳一个婴儿。

巴沙木

在傍晚开花，并绽放一整夜。

翩翩飞舞

在花间起舞的**蝴蝶**会用脚来“品尝”植物的味道。

有些蝴蝶会喝**乌龟**的眼泪。

黑脉金斑蝶每年都会从墨西哥迁徙至加拿大，而如此长距离的旅途通常需要3~4代黑脉金斑蝶通过接力才能够完成。因此，那些成功抵达加拿大的黑脉金斑蝶其实是以“**孙**”或“**曾孙**”的身份完成了这段旅程。

收拾好行囊

如果动物们生活的地方没有充足的食物或水源，它们就会为了**寻找新的资源**而迁徙。

斑尾塍（chéng）鹬（yù）每年都会从**美国阿拉斯加州迁徙至新西兰**，总路程长达 11265 千米，它们有时甚至不需要中途停歇。

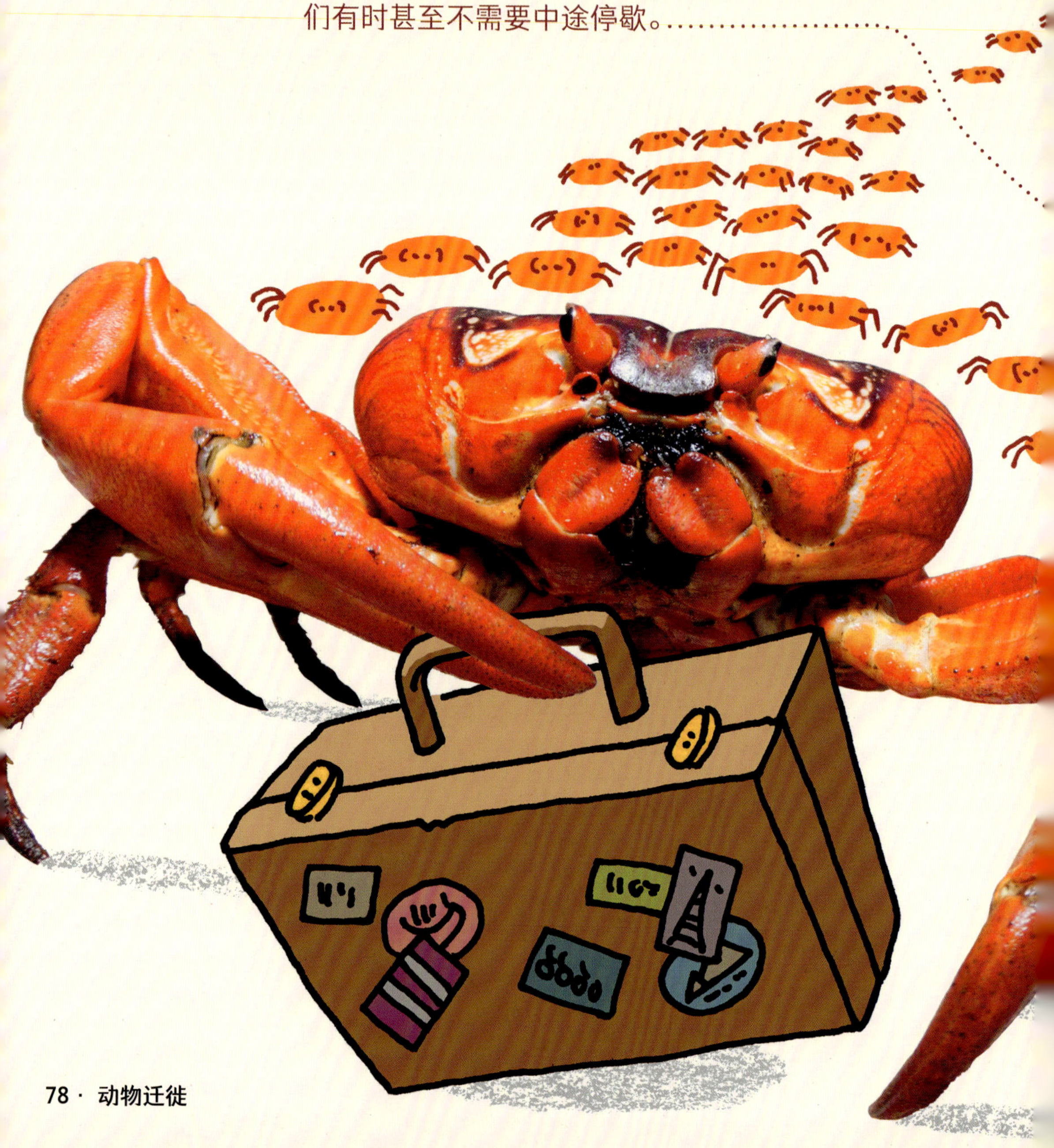

生活在澳大利亚圣诞岛的人们为了使岛上的 5000 万只红蟹能够**安全**地从雨林迁徙至海岸边，特意修建了一些桥梁和隧道。

该去度假了

长途迁徙的鸟类会在飞行当中睡觉。有些种类的鸟会在一整天的飞行中时不时**小睡 12 秒**。

在南太平洋岛国帕劳的一片湖泊内，每天都有数以百万计的金色水母为了追随**太阳光线**而在湖内不断洄游。光线滋养了生活在水母体内的藻类，而这些藻类正好为水母提供了食物。

打个哈欠

跳转至第 152 页

世界上**飞行时间最长的航班**，总时长为 18 小时 40 分钟。

国际空间站可能很快就能以每晚 20 多万元的价格接待旅客前去入住了，但这价格并不包含乘坐火箭的费用。

火箭科学

猎鹰重型火箭

是目前世界上最强大的火箭之一。它发射时，共有27台发动机同时工作，产生的推力大约相当于18台飞机引擎的推力。

休斯敦*，我们已成功发射！

*约翰逊航天中心（Johnson Space Center）位于美国休斯敦，是美国国家航空航天局（NASA）下属的最大的太空研究中心，也是飞行、发射等任务的控制中心。

帕克太阳探测器是有史以来建造出的**速度最快的航天器**。它的速度最快能够达到每小时 69.2 万千米，大约是航天飞机速度的 24 倍。

以**自行车**的速度来行驶的话，至少需要 267 天才能从地球骑到月球。

月球上也会发生地震，叫作“**月震**”。

人们在地球上发现了来自太阳系中别的星球的**钻石**，而那颗星球早已不复存在。

我们目前观测到的**最远的恒星**大约在 270 亿光年之外。

金星上的温度可以达到近 480℃，这**温度**足以将铅熔化。

好热啊！

跳转至第 168 页

流星是指流星体在进入地球大气层时留下的那道能被看见的亮光。如果一颗流星比金星还要亮一些，那么它可以被称为“**火球**”。

“旅行者 1 号”和“旅行者 2 号”这两艘太空探测器自 1977 年以来就一直在太空中飞行，与太阳的距离已超过 212 亿千米。它们至少在 4 万年内不会再遇到任何恒星了。

从太阳发出的**光**需要 8 分 20 秒的时间才能到达地球。

木星上的一天只有 **10 个小时**左右。

研究人员认为，每天都有超过 44000 千克来自太空的岩石会撞击地球。有些太空岩石只有**一粒尘埃**大小。

聊聊那些庞然大物

撞击地球并导致恐龙**灭绝**的陨石是一颗直径约 12 千米的小行星（也可能是彗星）——这直径相当于 1131 辆公交车首尾相连、一字排开的长度。

有科学家认为有的恐龙可能是通过**跳舞**来吸引配偶的，就像现在的鸟类一样。

美国佛罗里达州坦帕市有一座由**可回收材料**制成的、7.6 米高的霸王龙雕塑，被称作“再循环恐龙”。就连这座恐龙雕塑的皮肤用的也是再生材料，它实际上来自一些橙色的建筑围栏。

科学家在各大洲都发现过恐龙化石，甚至在南极洲也发现过。

这蛋妙极了！

有些恐龙蛋是**蓝色**的。

大多数鸟蛋在一开始都是**白色**的，但是有些会在进化的过程中变成**棕色**的、**绿色**的、**蓝色**的，甚至还有些会变成黑色的。

一只鸡**耳垂**的颜色往往决定了它生下的蛋会是什么颜色的。

跳转至第 156 页

请再多来点儿颜色

THE WORLD HARD-BOILED EGG EATING CHAMPIONSHIP

（世界吃水煮蛋锦标赛）

世界吃水煮蛋锦标赛的冠军在 8 分钟内吃下了 141 颗水煮鸡蛋。

太好吃了！

每年在美国亚利桑那州的奥特曼镇，都会举行一场太阳煎蛋大赛。选手们仅仅依靠太阳的热量来煎**熟鸡蛋**。

驾驶阿波罗 11 号（第一艘登陆月球的宇宙飞船）的航天员登船时带上了家乐氏（Kellogg’s）的**玉米片**，然而，他们又原封不动地将它们带回了地球。

摩洛哥的传统早餐通常包含一种薄饼，因其外表布满蓬松的孔洞，又被称作“**千孔煎饼**”。

喝杯咖啡休息一下

荷兰人早餐有时会吃一种撒有**巧克力碎屑**的面包。他们把这种巧克力碎屑称作“冰雹”（Hageslag）。

咖啡树的果实因外观酷似樱桃而被称作“咖啡樱桃”。咖啡樱桃是一种水果。**咖啡豆**其实是咖啡樱桃的核果经过处理后得到的种子。

更多的洞
跳转至第 40 页

传说是埃塞俄比亚的一位牧羊人发现了咖啡，因为他注意到自己

的**山羊**在吃了咖啡树的果实后变得精力充沛。

山羊的瞳孔形状比较接近**长方形**。

长方形有**4**条边。

氟化物是岩石中常见的一种**矿**物质。牙膏里就含有氟化物，它能够保护我们的**牙齿**。

古罗马著名作家老普林尼（Pliny the Elder）用豪猪**毛笔**清洁**牙齿**。

制作羽**毛笔**只能选用鹅或天鹅翅膀上 5 根最大的**羽毛**。

目前已知最大的长有**羽毛**的恐龙是一只 9 米长的羽暴龙，其重量相当于 10 只雄性**大猩猩**。

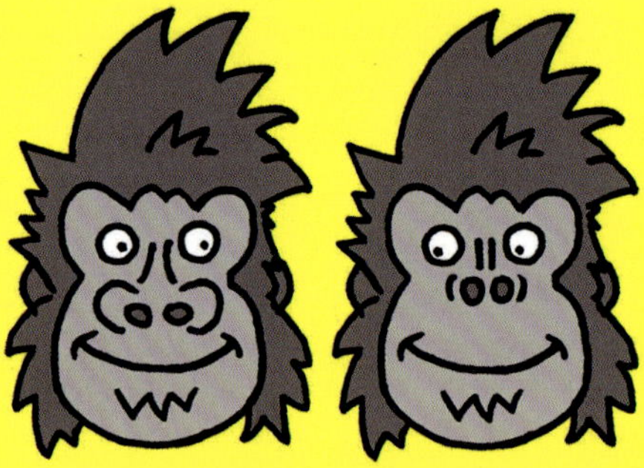

大猩猩的**鼻**印就像人类的指纹一样，不会有两个完全相同的鼻印。

长颈鹿一共有 **4** 个不同的品种。

一群**长颈鹿**在一起被称为“长颈鹿**塔**”。

埃菲尔铁**塔**每 7 年就会重新刷上 54000 千克的油漆**涂料**。

远古的洞穴艺术家会在他们的艺术作品中使用加有“闪粉”的**涂料**。这种闪粉其实是云母粉，是将亮晶晶的云母**矿**石研磨成粉得来的。

人类的**鼻**子可以分辨出 1 万亿种不同的**气味**。

双峰驼能够在80千米外判断出水源的位置。有科学家认为这可能是因为它们能嗅出水中某些**细菌**的**气味**。

1 茶匙（约1克）肥沃的泥土中有几亿到几十亿个**细菌**。

继续向下挖

有一种**牧草的根系**在地下可深达 4 米。

有科学家认为，树木会利用一种被称为“菌丝体”的**真菌根部**向附近的其他树木发出信号。
还能达到多深的地方？

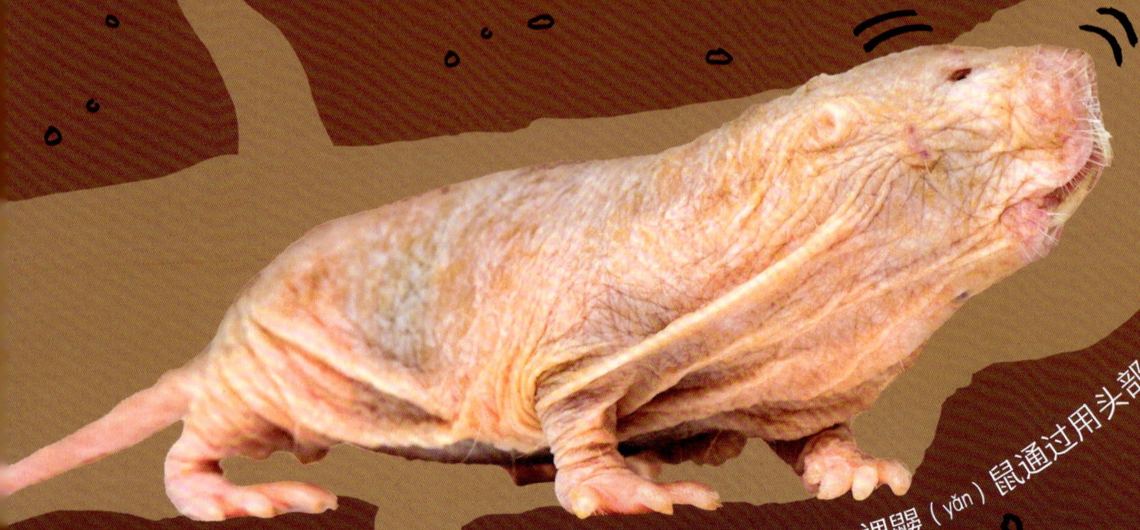

裸鼹（yǎn）鼠通过用头部

罗马尼亚的一处盐矿旧址被改造成了一个地下**游乐园**，里面甚至还建有保龄球馆、迷你高尔夫球场和摩天轮。

撞击隧道壁来与同伴交流。

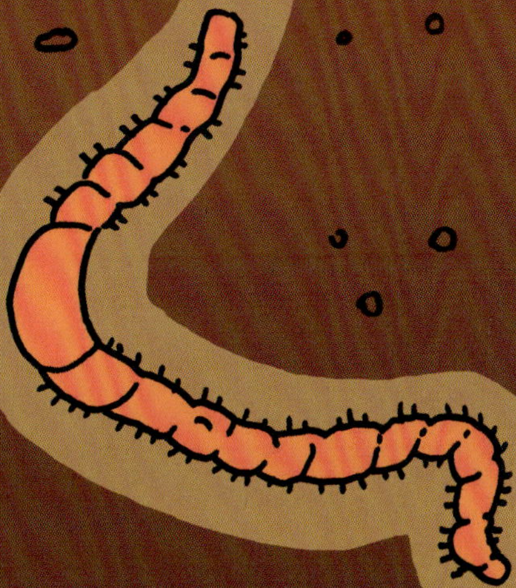

蚯蚓没有腿，但它们的身体上覆盖着许多细小的**刚毛**，可以帮助它们移动和挖洞。

地球的中心位于地表以下 2900 千米处——这个距离大概相当于把 327 座珠穆朗玛峰叠放在一起。

某些类型的熔岩或**岩浆**温度可达到水星表面温度的 3 倍左右。

如此炽热

火山喷发时那些飞到空中、落地时仍在熔化状态的熔岩碎片被称作“**岩浆块**”。

有史以来记录过的**最响亮**的声音是 1883 年印度尼西亚喀拉喀托火山大爆发时发出的巨响。当时，火山爆发产生的声波绕着地球转了多达 4 圈。

西班牙加那利群岛上有一家**利用火山热量**来烹饪食物的餐厅。

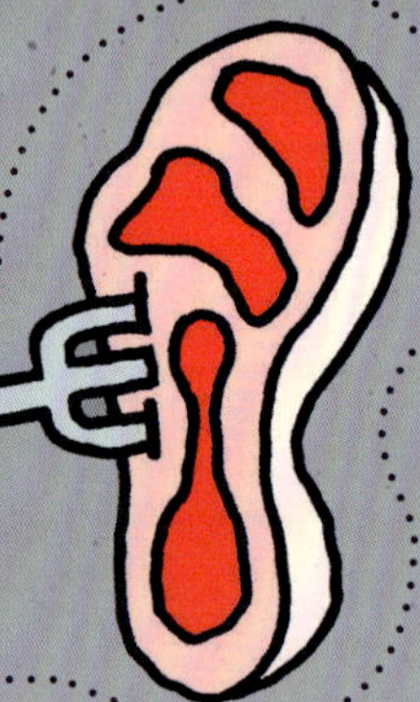

有些鸟类不是通过卧在蛋上来保持蛋的温度，而是选择把蛋**埋**在火山灰里，利用火山的热量来为其保温。

破壳而出

跳转至第 88 页

坦桑尼亚有一座流淌着黑色岩浆（有时也会**闪着银光**）的火山，因为岩浆里含有一种叫作碳酸岩的特殊岩石。

更多岩石

有些岩石可以吃。比如**岩盐**可以调味，**滑石**可以入药。

乌鲁鲁巨石是位于澳大利亚沙漠之中的一块巨大的砂岩，科学家推测 4 亿多年前它曾位于海面之下。

晶洞是一种内部长有晶体的空心岩石。大多数晶洞小到可以拿在手上，但目前已知的最大晶洞有足足 8 米长，里面的晶体差不多跟一个人一样大。

跳转至第 132 页
淘金去

在阿富汗出土的“**黄金之丘的宝藏**”是迄今为止发现的规模最大的宝藏之一。那批宝藏包含许多黄金、珠宝和武器，以及一顶由黄金制成的王冠。组成这顶王冠的每一个金片都轻薄如纸，甚至使得这顶王冠可以被折叠起来。

大多数海盗并不会真的把自己的财宝埋起来。**威廉·基德（William Kidd）船长**是为数不多会干出此事的人之一，他把自己的战利品埋在了美国纽约州长岛的海岸附近。

嗨喽！水手们！

传说臭名昭著的海盗**黑胡子**（Blackbeard）会在自己的帽子下点燃几根导火索，以此来吓唬敌人。……

……许多海盗船都实行着一套船员们必须遵守的法则，称作“**海盗法典**”。比如，其中一条法则规定了宵禁时间为晚上 8 点。……

按规矩办事

虽然在黑胡子的年代手表还没有被发明出来，但你也觉得海盗急着看时间的场景很好笑，对吧？

在新加坡，

把**痰或鼻涕**

弄到

公共场所的

地面上，

是违法的。

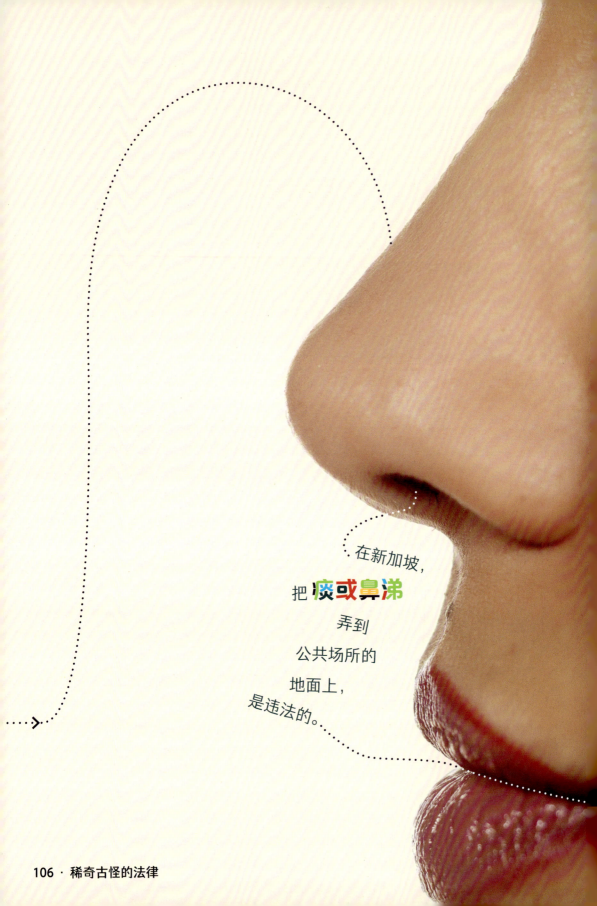

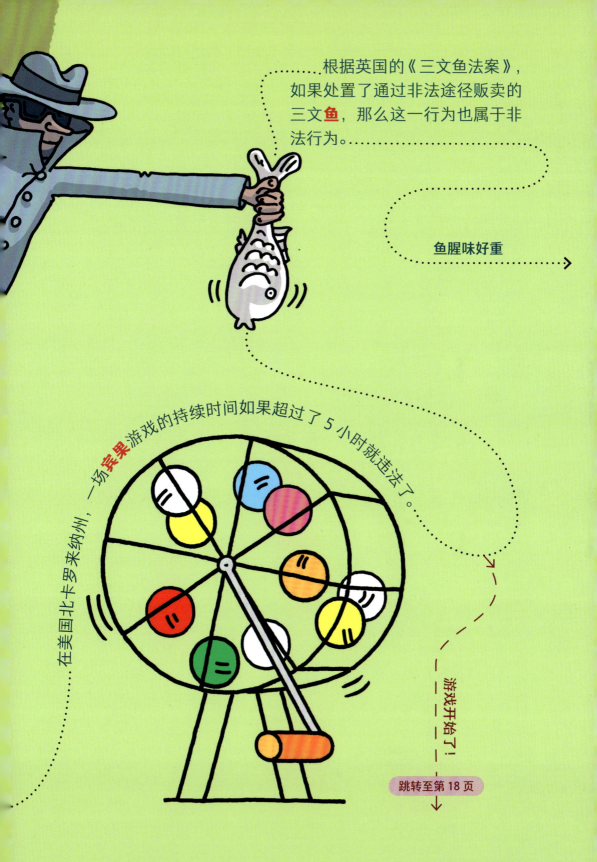

根据英国的《三文鱼法案》，如果处置了通过非法途径贩卖的三文**鱼**，那么这一行为也属于非法行为。

鱼腥味好重

在美国北卡罗来纳州，一场**宾果**游戏的持续时间如果超过了 5 小时就违法了。

游戏开始了！

跳转至第 18 页

地球上鱼类的物种数量超过了所有哺乳类、鸟类、爬行类和两栖类的物种数量的总和。

地球的内核是一个固体金属球，主要由铁和镍构成，温度可能高达 6650℃！

全世界一共有大约 70 栋 UFO 形状的塑料房子。

据估算，将一座小房子升到空中需要 2000 万至 3000 万个氦气球。

加拿大艾伯塔省有一个官方修建的 UFO 着陆点。

加拿大是人均拥有甜甜圈店数量最多的国家。

镓（jiā）**金属**放在**手**中便会熔化。

艺术家杰夫·昆斯（Jeff Koons）用不锈钢创作出了许多巨型的**气球**狗**雕塑**，其中一座以近 3.8 亿元的价格被卖出。

智利的阿塔卡马沙漠中矗立着一座 11 米高的左**手**手掌造型的**雕塑**，它被称为“沙漠之手”。

这软软的手感，是乌贼吗？

大王乌贼的大脑形状像一个**甜甜圈**，而它的喉咙正好从大脑中间穿过。

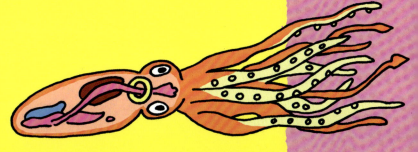

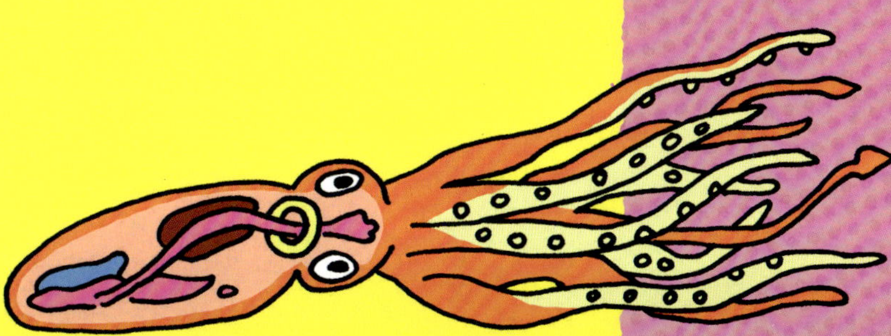

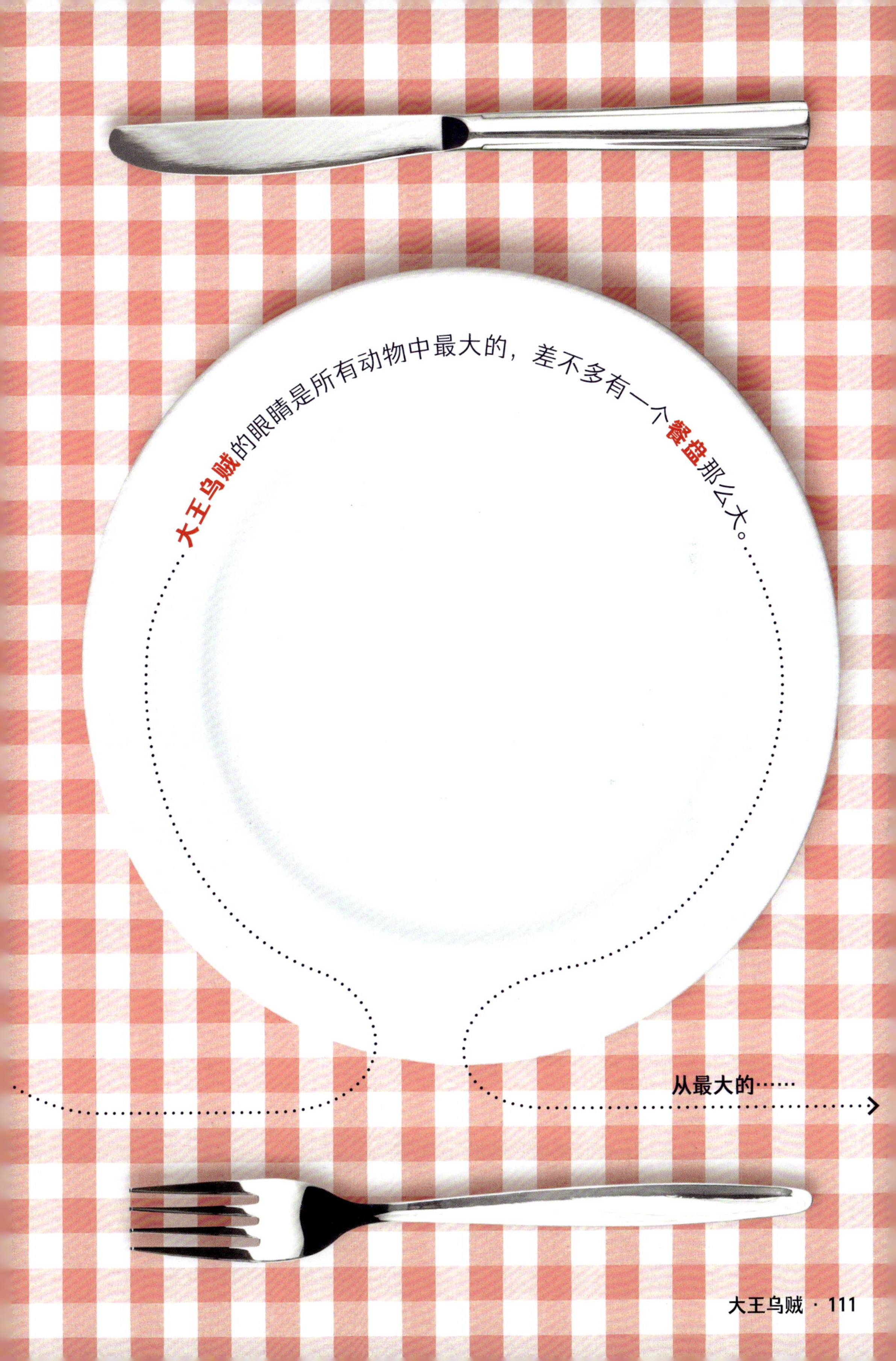

大王乌贼的眼睛是所有动物中最大的，差不多有一个**餐盘**那么大。

从最大的……

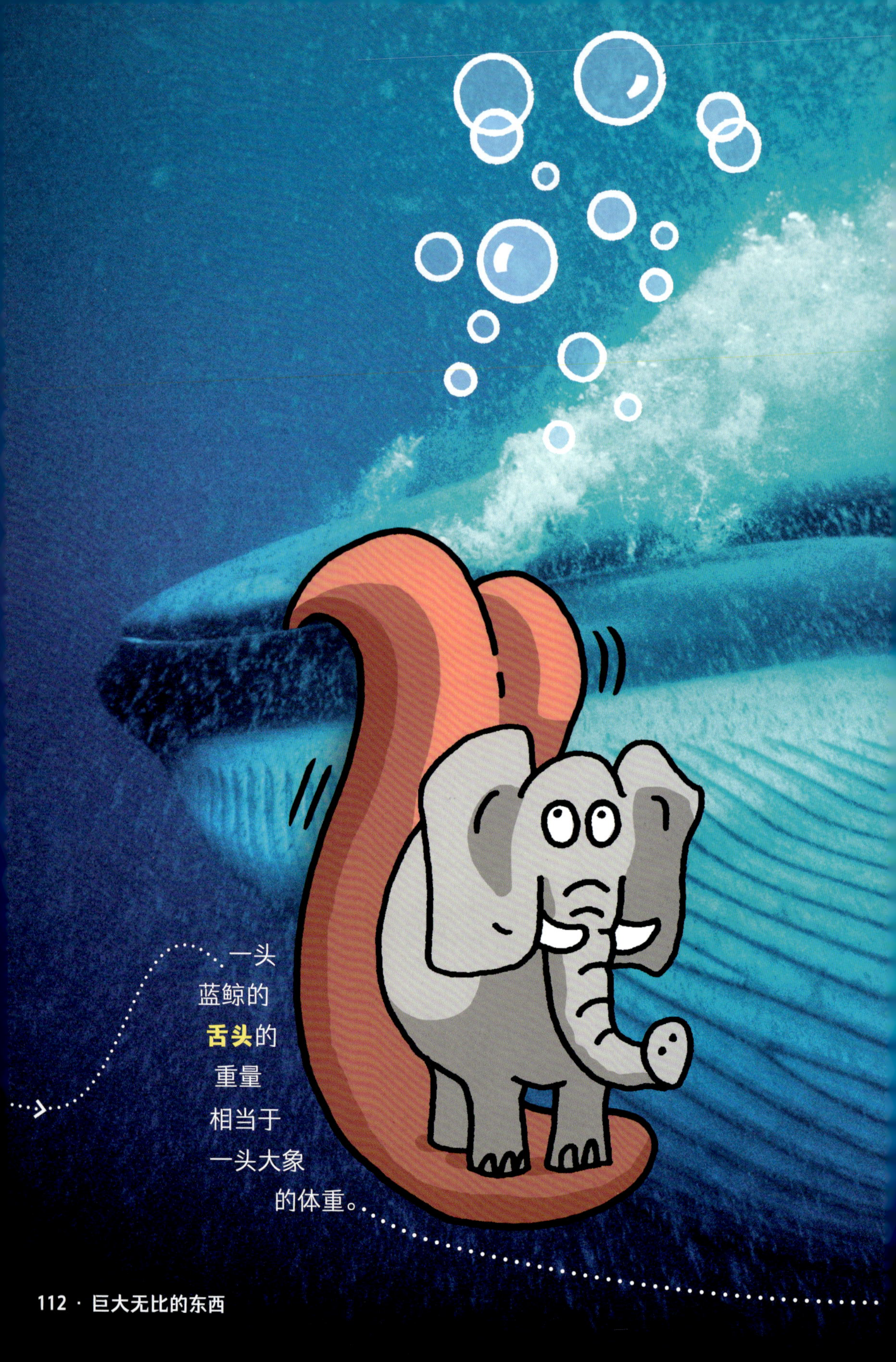

一头
蓝鲸的
舌头的
重量
相当于
一头大象
的体重。

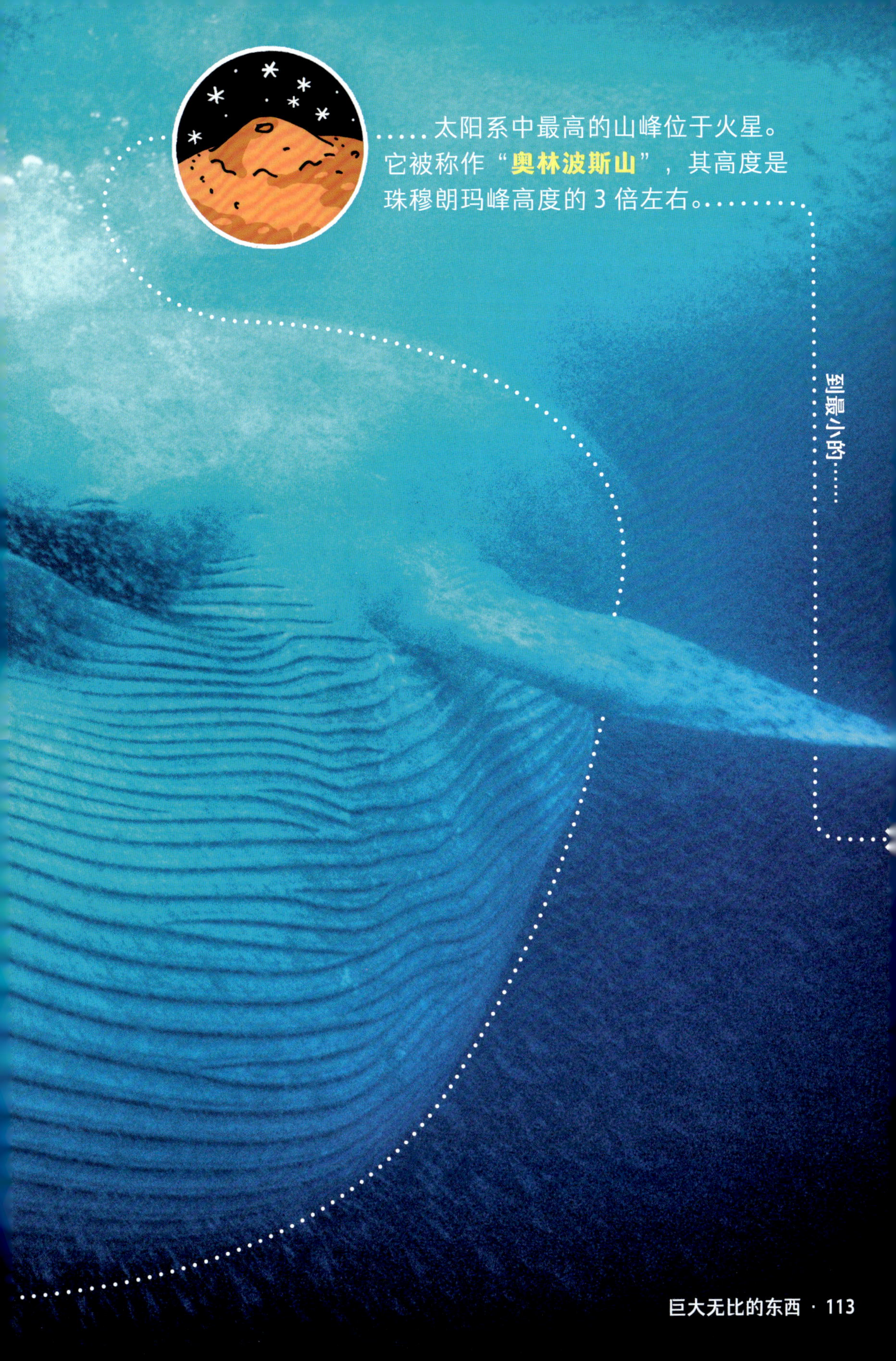

太阳系中最高的山峰位于火星。它被称作“**奥林波斯山**”，其高度是珠穆朗玛峰高度的 3 倍左右。

到最小的……

吸蜜蜂鸟产下的蛋只有一粒**咖啡豆**那么大。

世界上最小的生物是一种细菌，它小到可以和

150000

个同类一起依附在一根人类毛发的发尾处。

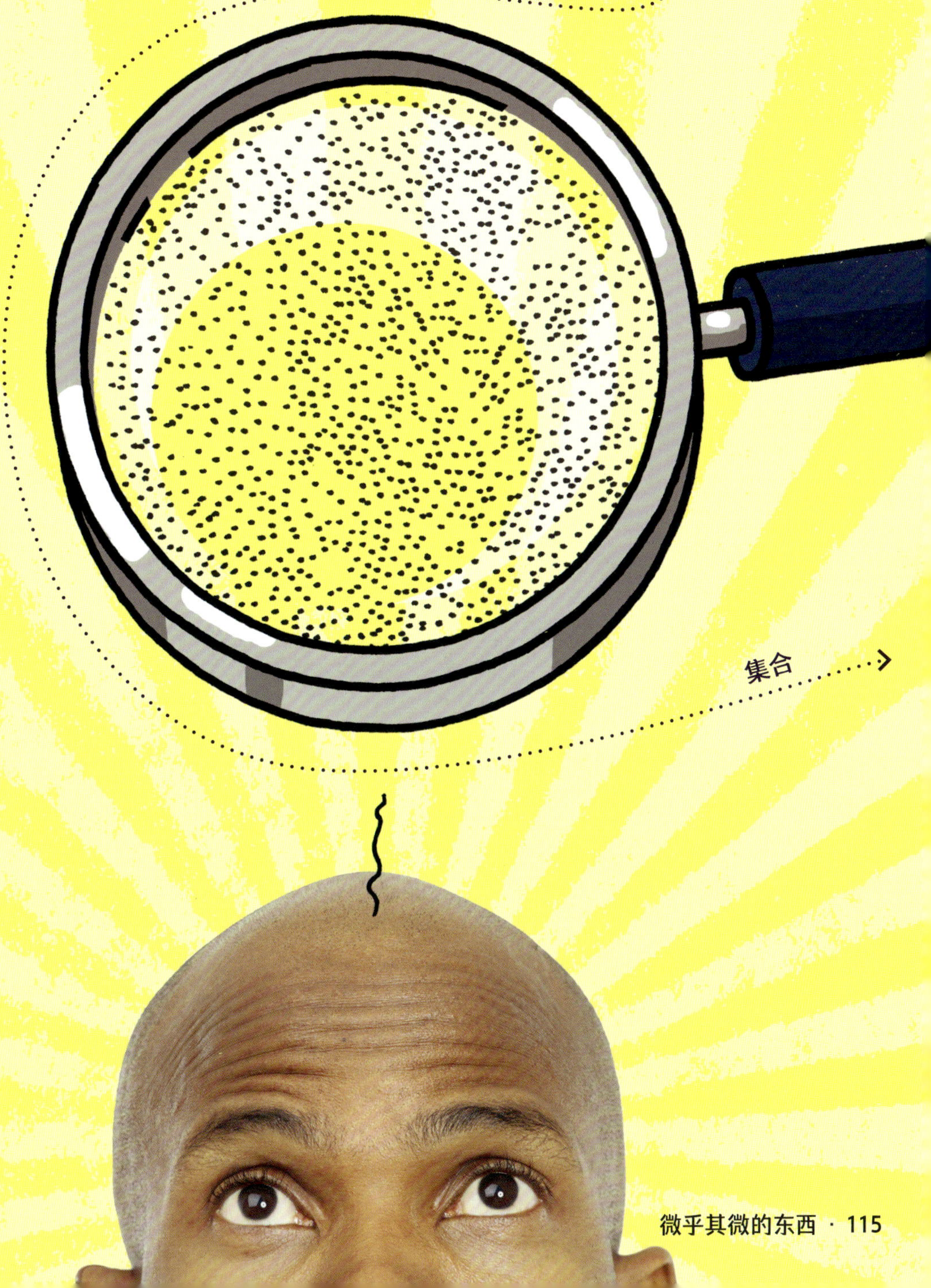

集合

科学家把一些成群聚集并猎杀其他细菌的**菌**群称为“噬菌体”。

海獭（tǎ）休息时会互相握住对方的爪子或脚掌，一起漂浮在水上。有些海獭“筏子”甚至是由超过 1000 只海獭“手牵手”组成的。

在英语中，一群巴哥犬有一个特别的量词“**咕隆**”（grumble），一“咕隆”巴哥犬就是指一群巴哥犬。

跳转至第 10 页

缠绕的蛛网

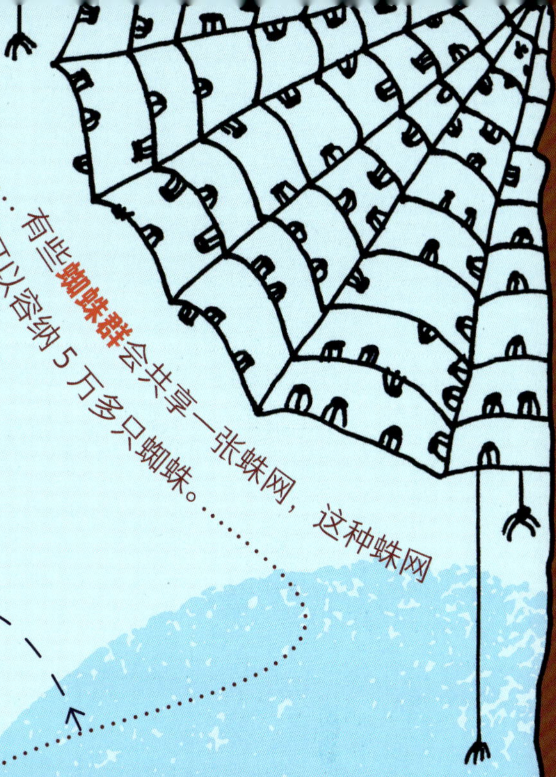

有些**蜘蛛群**会共享一张蛛网，这种蛛网一般可以容纳 5 万多只蜘蛛。

在英语中，一群猫头鹰有一个特别的量词**“议会”**（parliament），一“议会”猫头鹰就是指一群猫头鹰。

咕咕！

游隼（sǔn）的**俯冲**速度约为每小时 320 千米，比一辆一级方程式赛车（F1）的平均速度还要快。

猫头鹰可以将它们的猎物整个**吞下去**。

有史以来发现过的最大的单体**鸟巢**是由两只白头海雕建造的。它的宽度有 2.9 米，重达 2 吨，比一辆小汽车还要重。

科学家认为有些鸟类的眼睛非常厉害，甚至可以**看见**地球的磁场。

我看到了……

在美国得克萨斯州达拉斯的一家酒店前，矗立着一座高 9.1 米的眼球雕塑，其**造型原型**正是该雕塑艺术家自己的蓝眼睛。

雀尾螳螂虾的眼睛里有**16**种颜色感受器，而人类的眼睛里只有3种。

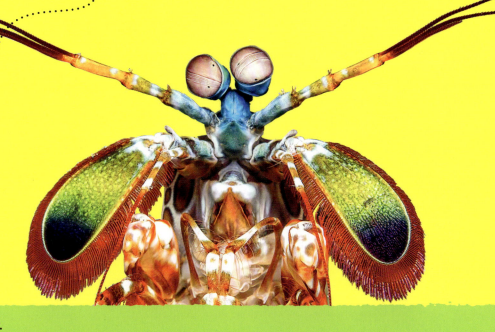

角蜥可以通过自己的眼睛向捕食者**喷射血液**。

开火！

再来点儿奇怪的建筑

跳转至第56页

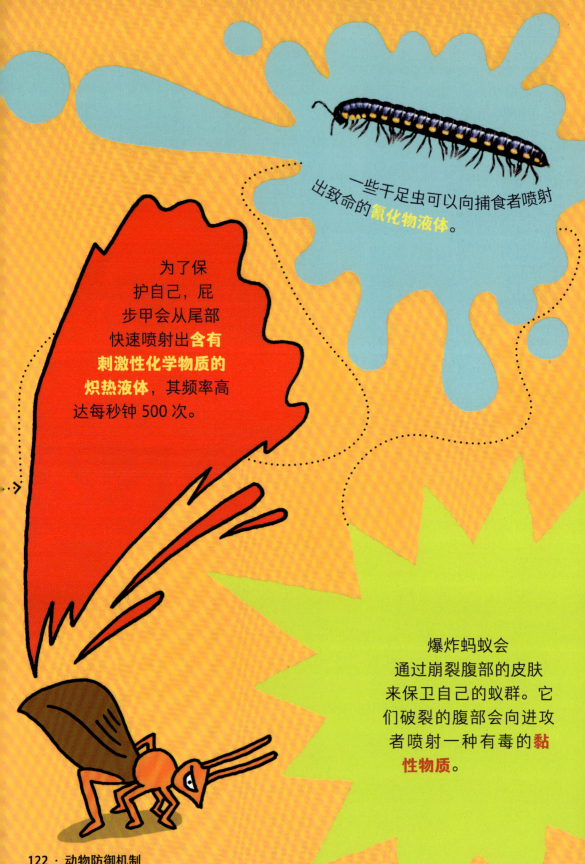

一些千足虫可以向捕食者喷射出致命的**氰化物液体**。

为了保护自己，屁步甲会从尾部快速喷射出**含有刺激性化学物质的炽热液体**，其频率高达每秒钟 500 次。

爆炸蚂蚁会通过崩裂腹部的皮肤来保卫自己的蚁群。它们破裂的腹部会向进攻者喷射一种有毒的**黏性物质**。

盲鳗是一种长得像鳗鱼的动物，它可以在极短的时间内分泌出大量**黏液**。这些黏液被捕食者吸入鳃中后会导致其窒息。

蜜獾的肛门处会分泌一种恶臭的液体。当受到威胁时，蜜獾会通过放屁将臭味发射出去，它就像一枚

臭气弹，

可以逼退对手。

麝（shè）雉（zhì）
因为闻起来像**大便**而被称作“臭鸟”。它身上的臭味浓烈到连捕食者都不愿靠近。

跳转至第 74 页
好多花花草草！

来点儿爆米花

巨魔芋

又被称作“尸花”。它闻起来像**腐烂的肉**，并以此气味来吸引昆虫。

熊狸是生活在东南亚的一种会爬树的哺乳动物，它身上的味道闻起来像**爆米花**。

距今6700年前的古代人也可能吃过爆米花！考古学家在秘鲁北部沿海地区的考古遗址中，发现了一些疏松的玉米颗粒，经鉴定，那是一种类似爆米花的食品。

前往秘鲁旅游的游客可以选择住进悬挂在峭壁上的**玻璃**胶囊酒店。

闪电击中沙子后会形成一种叫作“闪电熔岩”的**玻璃**。

闪电周围的空气温度是**太阳**表面温度的 5 倍。

金丝燕是一种分布在东南亚的洞居鸟类，它们用自己的**唾液**筑**巢**。

穴小鸮（xiāo）将自己的**巢**穴筑在从草原旱獭等动物那里掠夺来的地下洞穴里。它们有时还会用其他动物的**排泄物**来做装饰。

粪化石指的是变成**化石**的动物**排泄物**。

有科学家发现了一块 5700 万年前的**企鹅化石**。据推测，那只企鹅活着的时候和一个成年人一样高！

企鹅依靠**嗅觉**来辨别自己的家庭成员。

太阳上的**龙卷风**转速最快可以达到每小时近 50 万千米，这速度大约是地球上有记录的转速最快的龙卷风转速的 600 倍。

水龙卷指的是出现在温暖的**水**面上方的**龙卷风**。它能把水吸起来，同时还在高速移动。

沙鸡是一种与鸽子比较相近的鸟类，它们会用腹部的**羽毛**吸饱**水**分，以便自己的孩子稍后可以从中挤出水来喝。

有科学家曾发现覆盖着虱子和**蜱**（pí）**虫**等寄生虫的恐龙**羽毛**化石。

当**蜱虫**附着在其宿主身上时，会分泌一种胶状物质，并随着**唾液**一起排出。

毛茸茸的朋友

狗的鼻子里大约有 3 亿个**嗅觉**感受器，而人类只有大约 600 万个。

在中国古代有一种**狗**被称为“袖狗”，因为它们的体形小到可以被放进衣服袖子里。

鬃（zōng）**狮蜥**颈部的刺被称作“胡须”。它们的胡须不仅可以依据情绪膨胀开来，还可以变换颜色。

“嗜猫人士”指的是喜欢**猫**的人。

巴辛吉犬会发出一种类似“**约德尔唱法**”（一种真假声迅速交替的特殊唱法）的独特声音。

兔子的牙齿一生中都在不断生长。

啃一口
跳转至第 32 页

金鱼在中国古代是幸运的象征。金鱼大概是在宋朝时期被培育出来的，在当时非常珍贵，只有官员和贵族才能饲养。

来淘金

有学者认为海洋中蕴藏着大约 1.4 万吨的

黄金。

科学家认为**地球**上的一部分**黄金**可能来自太空。

詹姆斯 · 韦布（James Webb）空间望远镜的主镜面由 **18 面镜子**组成，每块镜子表面都覆盖着一层黄金薄膜。

黄铁矿也被称为“愚人金”，因为它看起来就跟黄金没什么两样。你可以通过用金属物品敲击的方法来区分黄铁矿和黄金——黄铁矿会被擦出**火星**，真金则不会。

揭开伪装

1 克黄金可以被**拉伸**成 4 千米长的金属细丝。

装饰蟹会将石子、珊瑚，甚至海葵和海胆这类海洋生物附着在自己身上，以作为**伪装**。它们尼龙魔术贴一般的毛发可以将这些“海洋配饰”牢牢固定在身上。

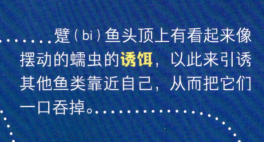

躄（bì）鱼头顶上有看起来像摆动的蠕虫的**诱饵**，以此来引诱其他鱼类靠近自己，从而把它们一口吞掉。

你现在看出来了吧！

拟态章鱼不仅可以变换颜色，还可以通过改变**身体形状**来假扮不同的动物，比如螃蟹、海蛇，甚至海马。

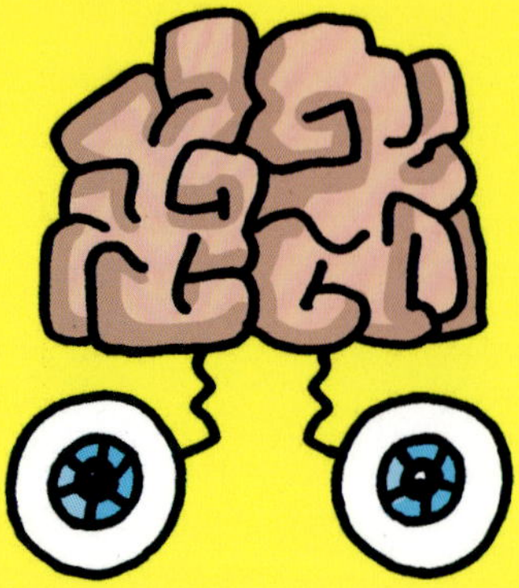

大脑只需要13毫秒便可以处理我们看到的图像信息。

人类**大脑**内产生的**电**信号的速度可以达到每小时 435 千米，比在运营的高铁速度还要快。

世界上最大的**瓶**装模型**船**长 4.7 米，装着它的玻璃瓶大到一个成年人可以站在里面。

有科学家发现了一种以**塑料**为食的**细菌**。

一个由 PET **塑料**制成的**瓶**子需要 450 年以上的时间才能完全降解。

有一种电鳗会用 860 伏的电压来电击自己的猎物，这比流经你家插座内的电流威力还要大。

海鳗可以将自己打成结*。

*此处的“结”与下一条的“节”在英语中均为“knot”。

节是一个速度单位，通常用于记录船只的航行速度。

假如你上完厕所后开着马桶盖冲水，那么其中的细菌可以在空气中传播 1.8 米。

把纸展开

中国早在南北朝时期就有类似厕纸的清洁用品了。那时的人们如厕时会使用“厕筹”——一个可以反复清洗的薄竹片。

如果将每年生产出来的所有打印纸编成一本书，那么该书的页数将会接近12万亿页。

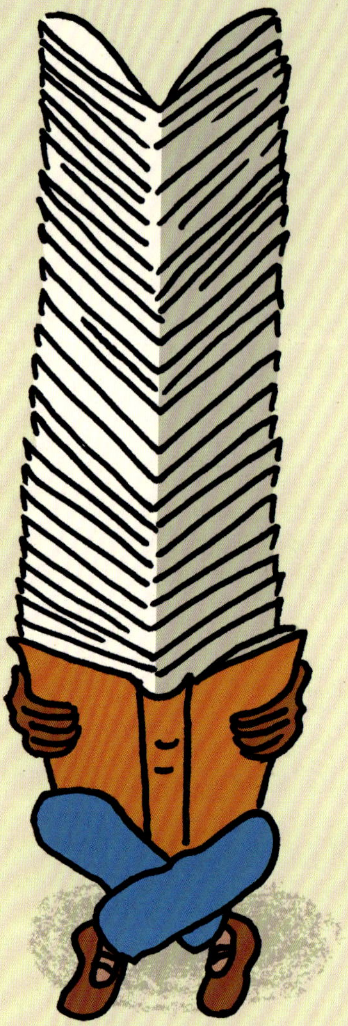

《伏尼契手稿》是一本有 600 年历史的神秘书籍，里面绘有龙、城堡、植物等各式插图。书中的文字可能是一种古老的语言，也可能是一种经过**加密的语言**，总之历史学家和密码学专家们至今没能完全破译它。

这才像话

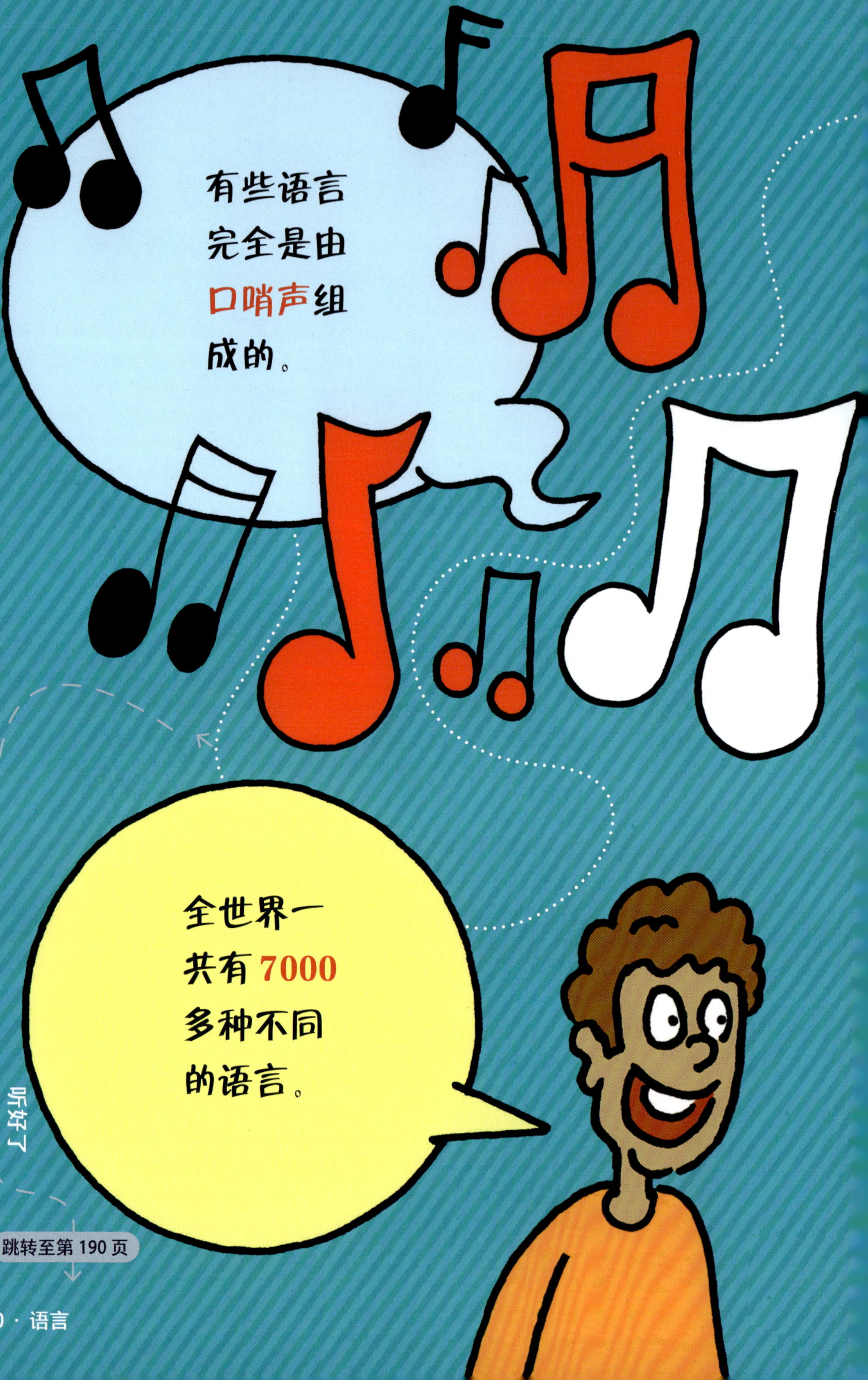
有些语言完全是由口哨声组成的。
全世界一共有 7000 多种不同的语言。

听好了
跳转至第 190 页

道本语是一种人工语言，一共只有 137 个单词。
有一种工作，它的职责是专门为电影和电视节目创造全新的语言。
世界上大约 40% 的双胞胎会创造出只有他们两个人能够理解的“秘密语言”，这种现象被称为“隐语”。

好事成双

同卵双胞胎也并非完全相同。比如，他们并没有相同的**指纹**。

慢——慢——来

二趾树懒因其每只前肢有两根趾爪而得名，是地球上行动速度最缓慢的动物之一，慢到藻类能够在其皮毛上肆意生长。

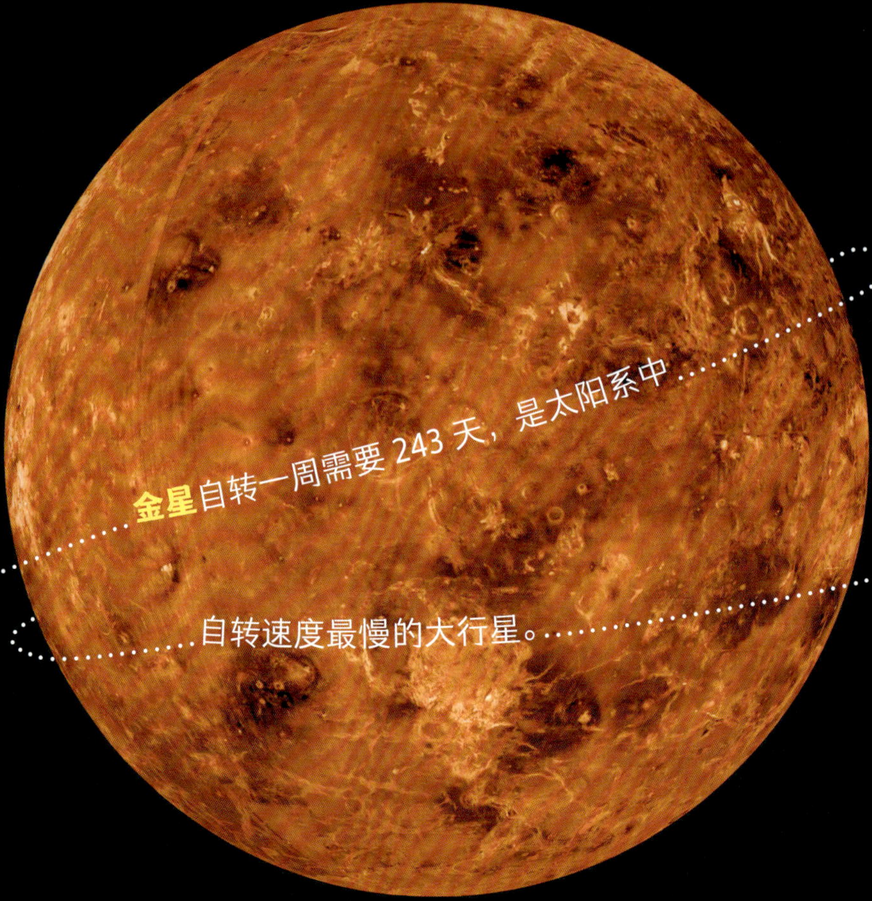

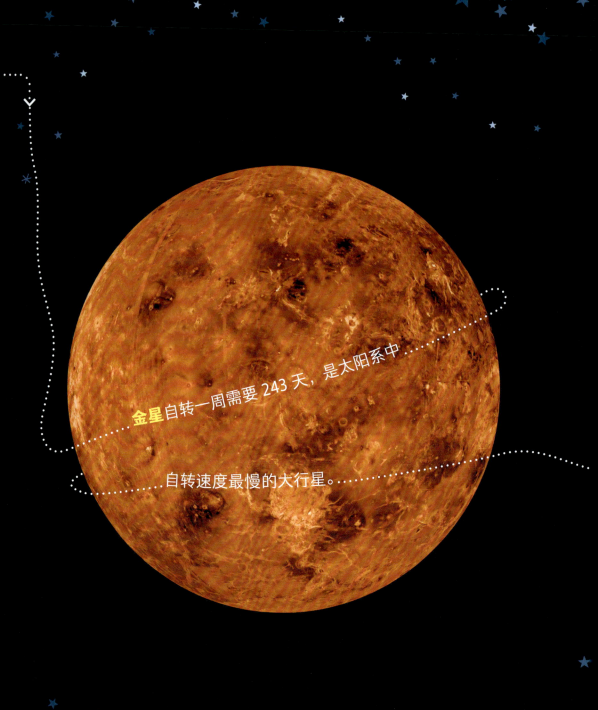

金星自转一周需要 243 天，是太阳系中自转速度最慢的大行星。

海马是世界上游速最慢的动物之一，它们每分钟只能移动 1~3 米。

加快速度

蓝鲸的心率最低可以慢到每分钟只跳动 2 次。

世界上移动速度最快的浴缸是由一辆小型赛车改装的，其最快速度可以达到每小时 186.82 千米。

伯蒂（Bertie）是世界上速度最快的**乌龟**。经过测试，伯蒂的爬行速度可达每秒 0.28 米。

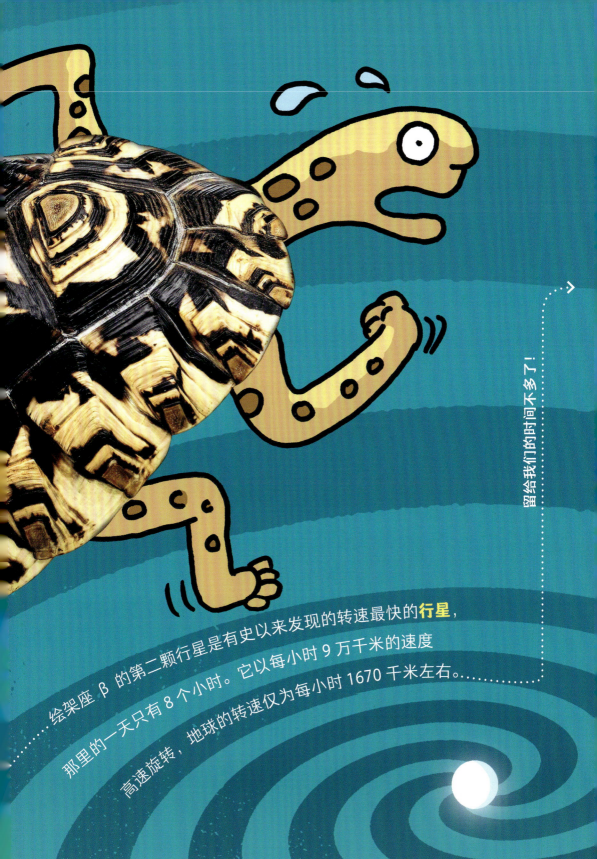

绘架座 β 的第二颗行星是有史以来发现的转速最快的**行星**，
那里的一天只有 8 个小时。它以每小时 9 万千米的速度
高速旋转，地球的转速仅为每小时 1670 千米左右。

留给我们的时间不多了！

你所处的位置越高，**时间**流逝的速度就会越快。

比邻星

距离太阳最近的恒星是**比邻星**，来自那里的光线只需要

与吉萨大金字塔（胡夫金字塔）建成的年代相比，第一家必胜客开业的年代距离埃及女王**克利奥帕特拉**（Cleopatra）生活的年代要更近一些。

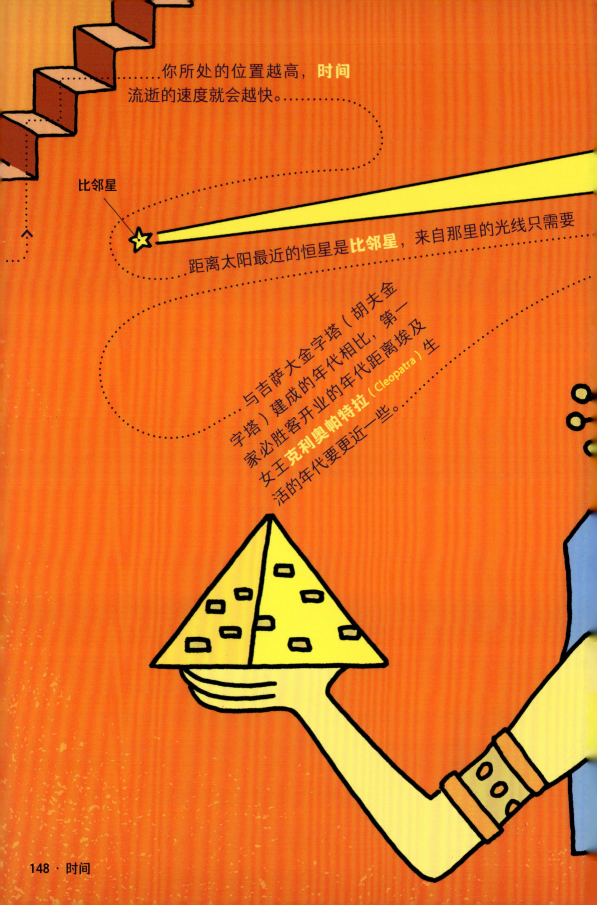

跳转至第 80 页

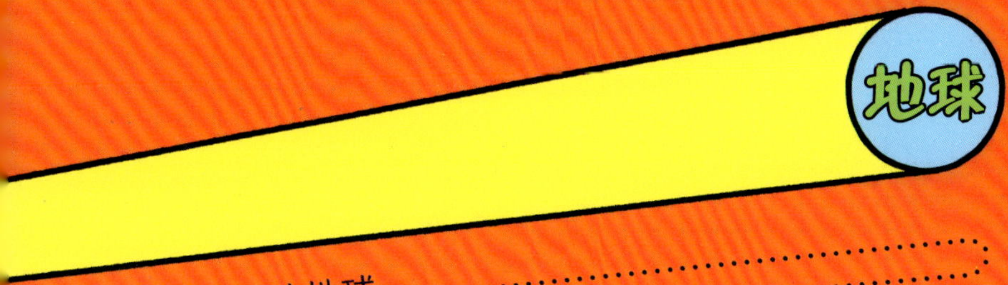

是时候起飞了！

4 年便可以抵达地球。

当你看到或是正在经历一些全新的、出乎意料的事情时，你会感觉时间仿佛过得慢了一些。科学家把这种现象称为“**新异刺激效应**”。

在恐龙统治时期，一年有 **372 天**。

一年中的那些事儿……

跳转至第 4 页

每年你的整个外层**皮肤**会更新多达 13 次。

崭新的开始

全世界每年大约有 1.3 亿新生儿，

你每年**眨眼**的次数超过 700 万次。科学家认为，我们眨眼不仅仅是为了保持眼球湿润，它还可以帮助我们的大脑重新集中注意力。

据专家估计，地球上每年大约会发生 50 万次可以被探测到的**地震**。

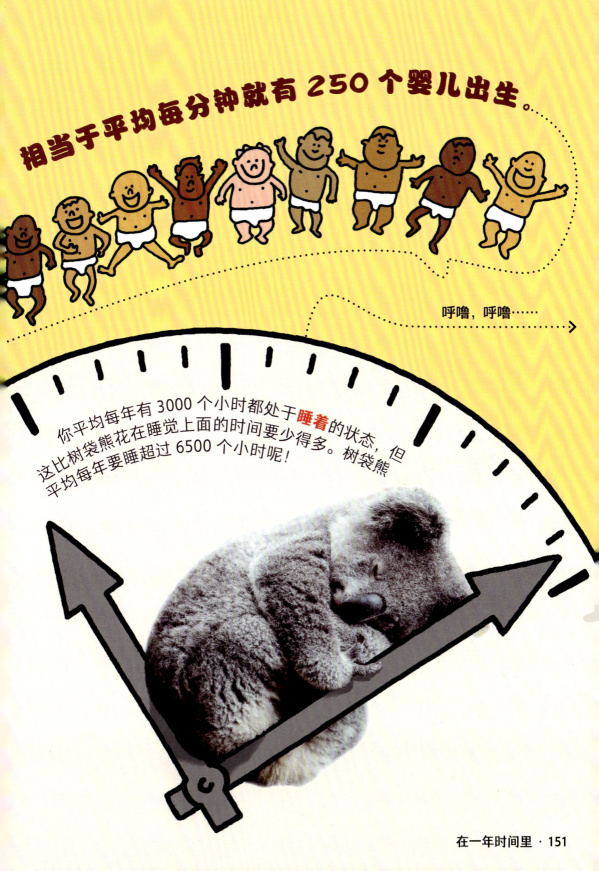

相当于平均每分钟就有 250 个婴儿出生。

呼噜，呼噜……

你平均每年有 3000 个小时都处于**睡着**的状态，但这比树袋熊花在睡觉上面的时间要少得多。树袋熊平均每年要睡超过 6500 个小时呢！

宽吻海豚是睁着一只眼睛睡觉的。

如果你是被

闹钟

叫醒的，那么你很可能记不住自己刚刚做的梦。

嘘！安静点！

大约 12% 的人
做的梦是黑白的。

上点儿颜色

在巴布亚新几内亚有一种流淌着**绿色血液**的蜥蜴。

火烈鸟羽毛内的粉红色素来自于它们吃的虾、蟹和藻类。

跳转至第 120 页

看到了，看懂了

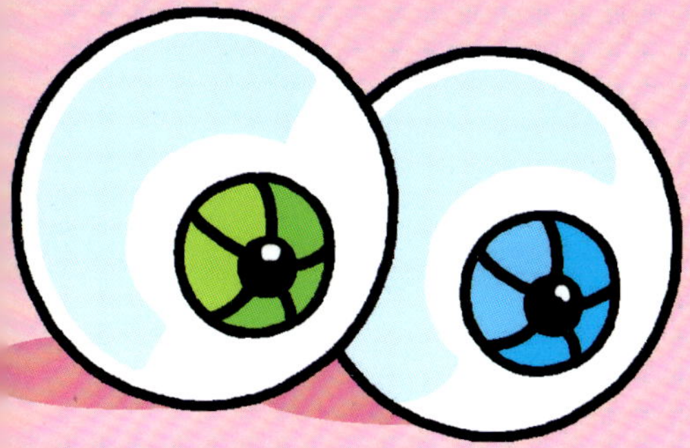

虹膜异色症是指人或动物的双眼呈现出两种**不同的颜色**。

有些**章鱼**会在睡觉时变换颜色。

秘鲁的彩虹山也被称作“七彩山”，山脊上的**条纹**呈现出金色、青绿色、红色或紫色等色彩。

彩虹之上

吧唧吧唧！

跳转至第 184 页

月虹是由月亮反射的

一些古老的大洋洲文明认为自己生活的

有时彩虹上方还有另一道

夏威夷的彩虹瀑布因其时常形成彩虹而闻名，而

在北欧神话中，人类世界与众神之地被一座名为

持续时间最久的一道彩虹

彩虹是没有尽头的，因为它们的全貌实际上是

光线形成的彩虹。

土地是由一条巨大的彩虹蛇创造出来的。

颜色较淡的“彩虹”，这其实是“霓”。

那些彩虹是瀑布的水雾经阳光折射后形成的。

“比弗罗斯特”的彩虹桥连接在一起。

维持了将近 9 个小时才消失。

一个圆环的形状。有时我们可以在飞机上看到完整的圆环形彩虹。

一圈又一圈

在非洲纳米比亚的沙漠中，有数以千计

图案逐渐显现
的由野草围成的圆点状图案。有人将其称为“仙女圈”。科学家目前还不是很清楚这些图案的成因。

长颈鹿身上的**斑点**图案可以遗传给下一代，这些斑点能够帮助长颈鹿更好地融入它们生活的热带大草原。

“**梅花形**”指的是骰子等物品上经常出现的、由 5 个点组成的几何图案。

分形是一个数学术语，指的是一个图形以不同的大小和比例不断重复出现。西蓝花、海岸线、树皮和雪花都是分形在现实生活中的例子。

快下雪吧！

一片雪花是由多个粘在一起的雪晶组成的。
有科学家估算，每年冬天都会有大约

1000000000000

000000000000

（10^{24}）个雪花晶体从空中落下。

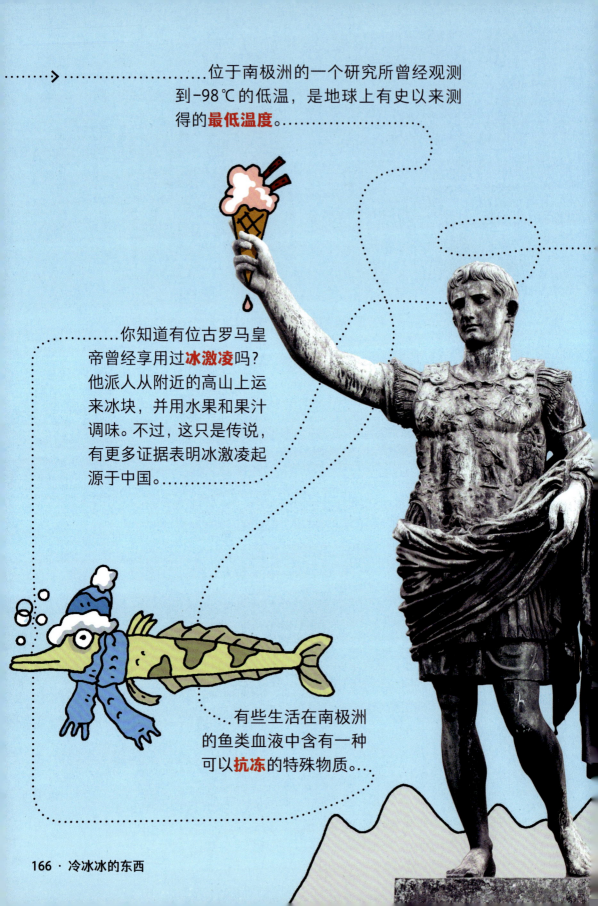

位于南极洲的一个研究所曾经观测到-98℃的低温，是地球上有史以来测得的**最低温度**。

你知道有位古罗马皇帝曾经享用过**冰激凌**吗？他派人从附近的高山上运来冰块，并用水果和果汁调味。不过，这只是传说，有更多证据表明冰激凌起源于中国。

有些生活在南极洲的鱼类血液中含有一种可以**抗冻**的特殊物质。

暴风雪有时会伴随着雷声和闪电一起出现，这种天气现象被称作**“雷雪”**。

泰坦星是土星的卫星之一，一些科学家认为那里可能有能够**喷发出冰块**的火山。

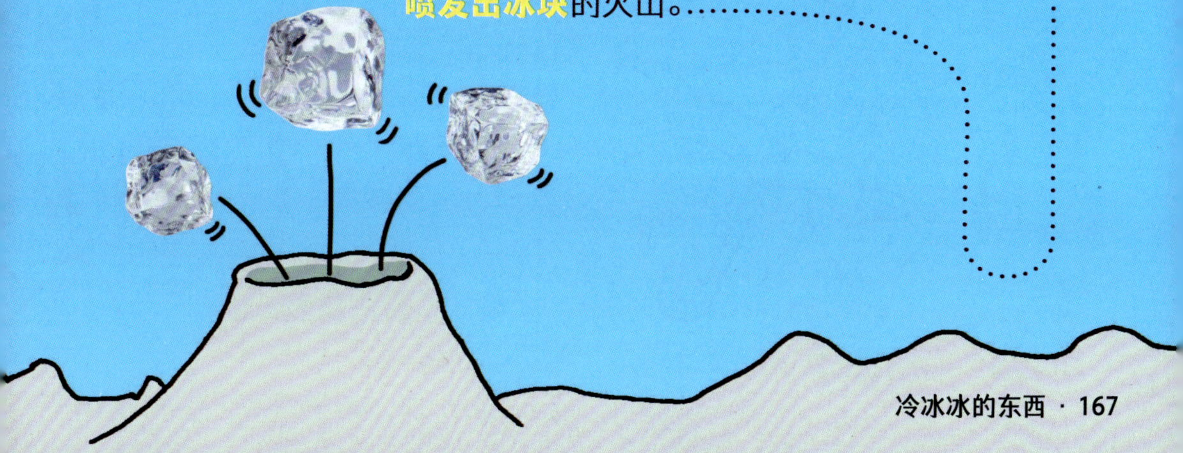

开始升温了

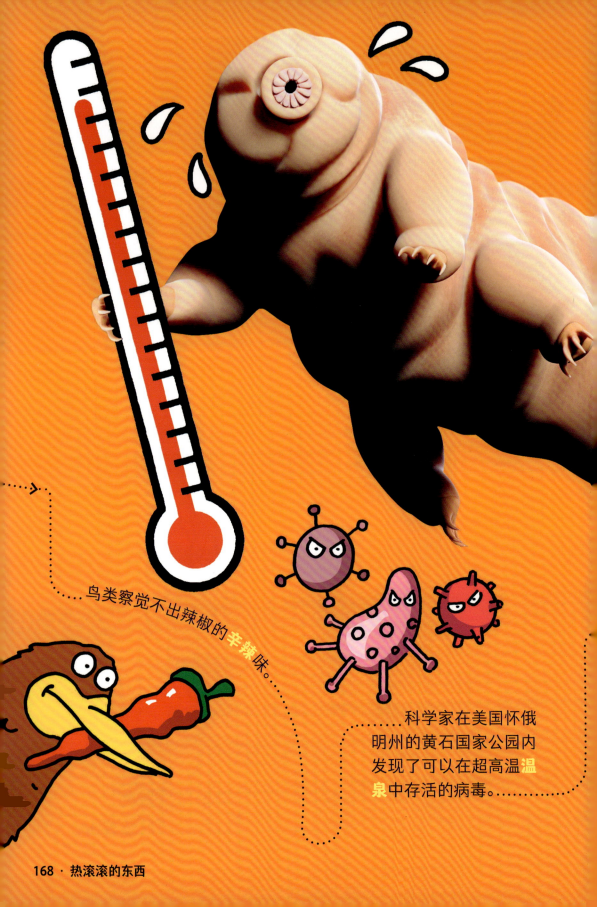

鸟类察觉不出辣椒的**辛辣**味。

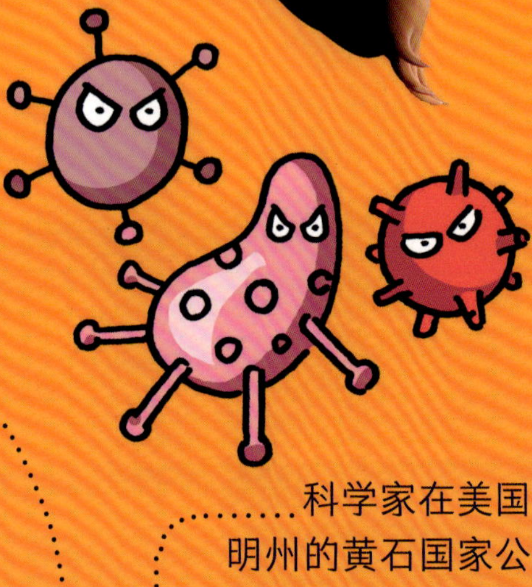

科学家在美国怀俄明州的黄石国家公园内发现了可以在超高温**温泉**中存活的病毒。

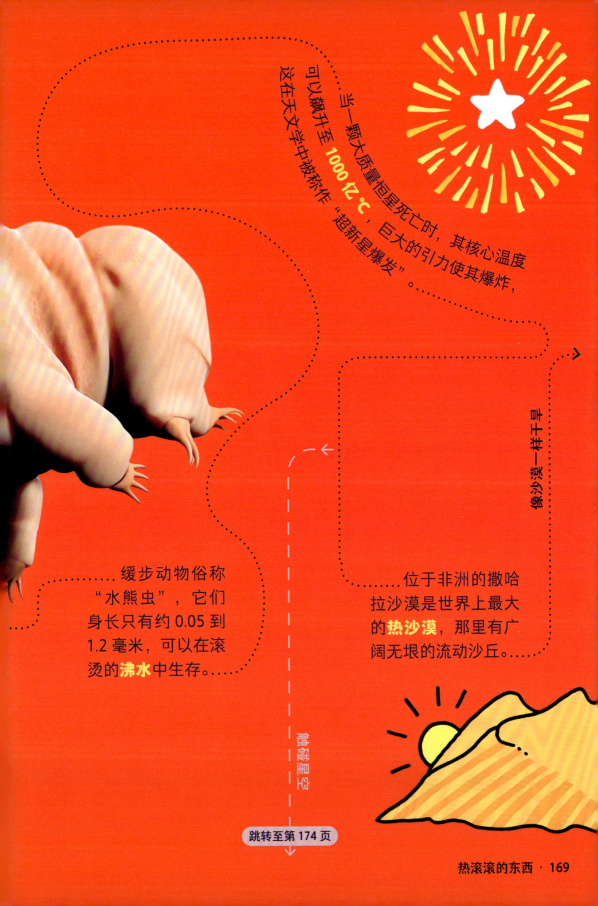

当一颗大质量恒星死亡时，其核心温度可以飙升至 **1000 亿 °C**，巨大的引力使其爆炸，这在天文学中被称作“超新星爆发”。

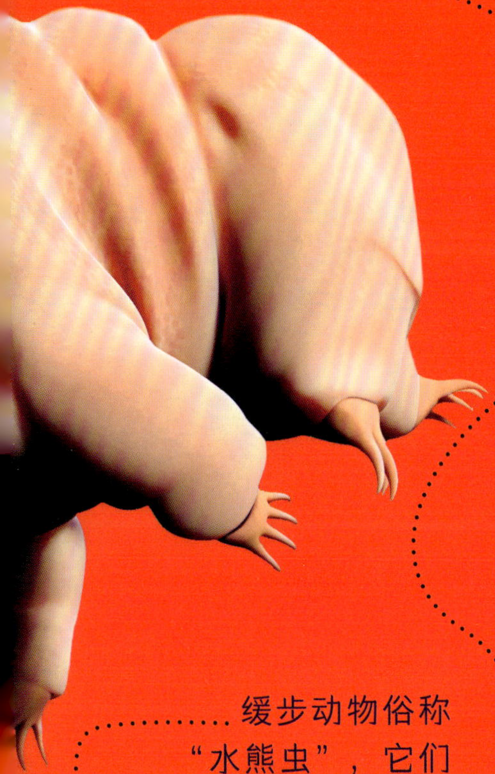

缓步动物俗称“水熊虫”，它们身长只有约 0.05 到 1.2 毫米，可以在滚烫的**沸水**中生存。

像沙漠一样干旱

位于非洲的撒哈拉沙漠是世界上最大的**热沙漠**，那里有广阔无垠的流动沙丘。

触碰星空
跳转至第 174 页

一些科学家认为，他们或许可以通过研究像智利的阿塔卡马沙漠那样极度干燥的沙漠，来获得一些生命能够在**火星**上生存的线索。

火星上的日落是**蓝色**的。

蓝闪蝶实际上并不是**蓝色**的。它们之所以看起来是蓝色的，是因为它们**翅膀**鳞片上独特的脊线会反射蓝色光。

有些维京**船**的船首刻有**龙**头。

科莫多巨蜥又名科莫多**龙**，是世界上已知最大的蜥蜴。它嘴里的腺体能够分泌出一种致命的毒液，足够杀死一头**水牛**大小的猎物。

非洲**水牛**的两只牛**角**相接处非常坚硬，像大盾一样覆盖在头顶。

雄性大角羊的羊**角**重量可达 14 千克，比它身体里所有的**骨头**加起来还要重。

所有会飞的**鸟类**的**骨头**都是空心的。

马来大狐蝠是地球上最大的蝙蝠，它的翅膀翼展长达 1.8 米，几乎相当于一张小型双人床的长度。

一些北极狐生活的洞穴有100年以上的历史。

拼字游戏 Scrabble（一种英语字母游戏）中一共有 100 块字母拼图。

塞尼特是世界上最古老的桌游之一。这种游戏在古埃及时期十分流行，它象征着通往来世的旅程。

埃及法老会与自己来世所需要的一切东西一起下葬。拿建造吉萨大金字塔的法老胡夫举例，他的陪葬品之一是一艘长 43.9 米的船。

一些鸟类会将蚂蚁覆盖在自己身上。有科学家认为，它们可能是想利用蚂蚁分泌的化学物质来驱赶其他昆虫，就像使用驱虫剂一样。

蚂蚁的心脏是管状的。

我爱❤趣闻

缅甸蟒的
心脏
会在其享用完
大餐
后增大约 40%。据说，有些缅甸蟒甚至能吞下鳄鱼等大型动物。

一闪一闪亮晶晶

心脏星云的颜色和形状均是由位于其中心的星团活动造成的。

章鱼一共有**3颗心脏**。

跳转至第 182 页

是宝石！

星星

实际上并不会**一闪一闪**的。地球的大气层使得星星发出的光线发生扭曲，这才产生了我们观察到的“天文闪烁”现象。

有科学家估计，在距离地球 50 光年的地方，有一颗 10^{34} 克拉的巨型**钻石**。它是一颗古老恒星的内核。

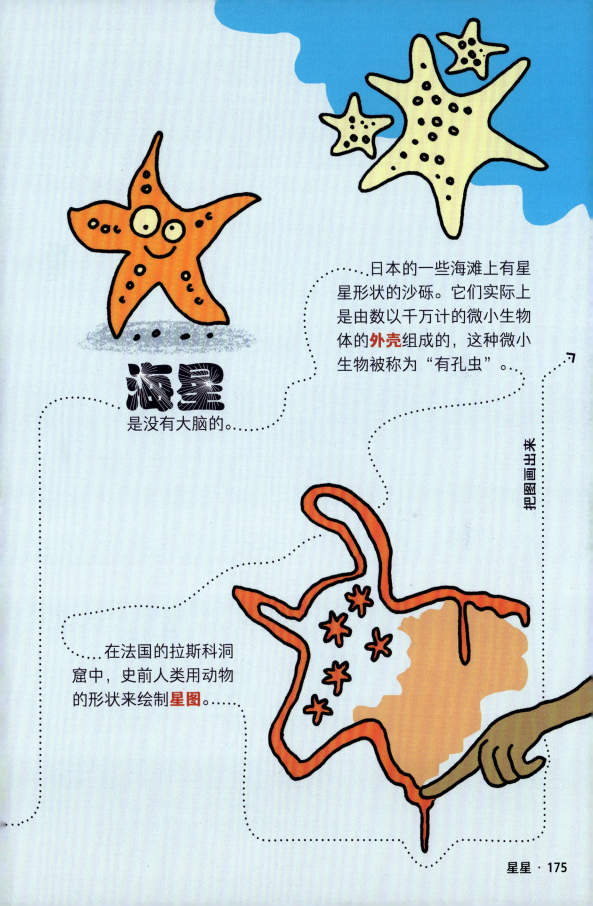

日本的一些海滩上有星星形状的沙砾。它们实际上是由数以千万计的微小生物体的**外壳**组成的，这种微小生物被称为“有孔虫”。

海星

是没有大脑的。

把图画出来

在法国的拉斯科洞窟中，史前人类用动物的形状来绘制**星图**。

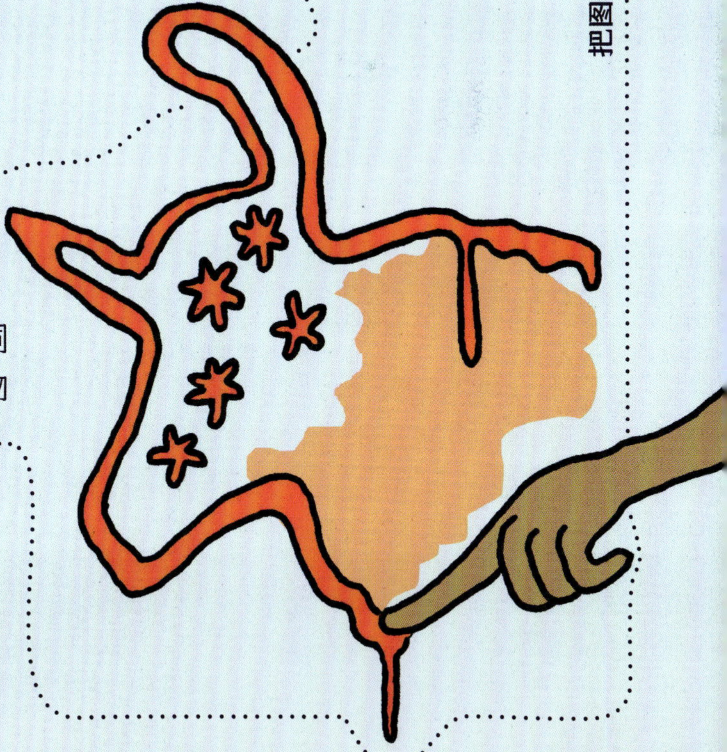

美国国家航空航天局曾将一张地图送去太空，借此向**外星生物**

指引通往地球的道路。

为了防止自己的作品被抄袭或是盗用，一些地图绘制者会在制图时加入**虚构**的城镇或是街道。他们称这些虚假的城镇和街道为“纸镇”和“街道陷阱”。

过马路，左右看

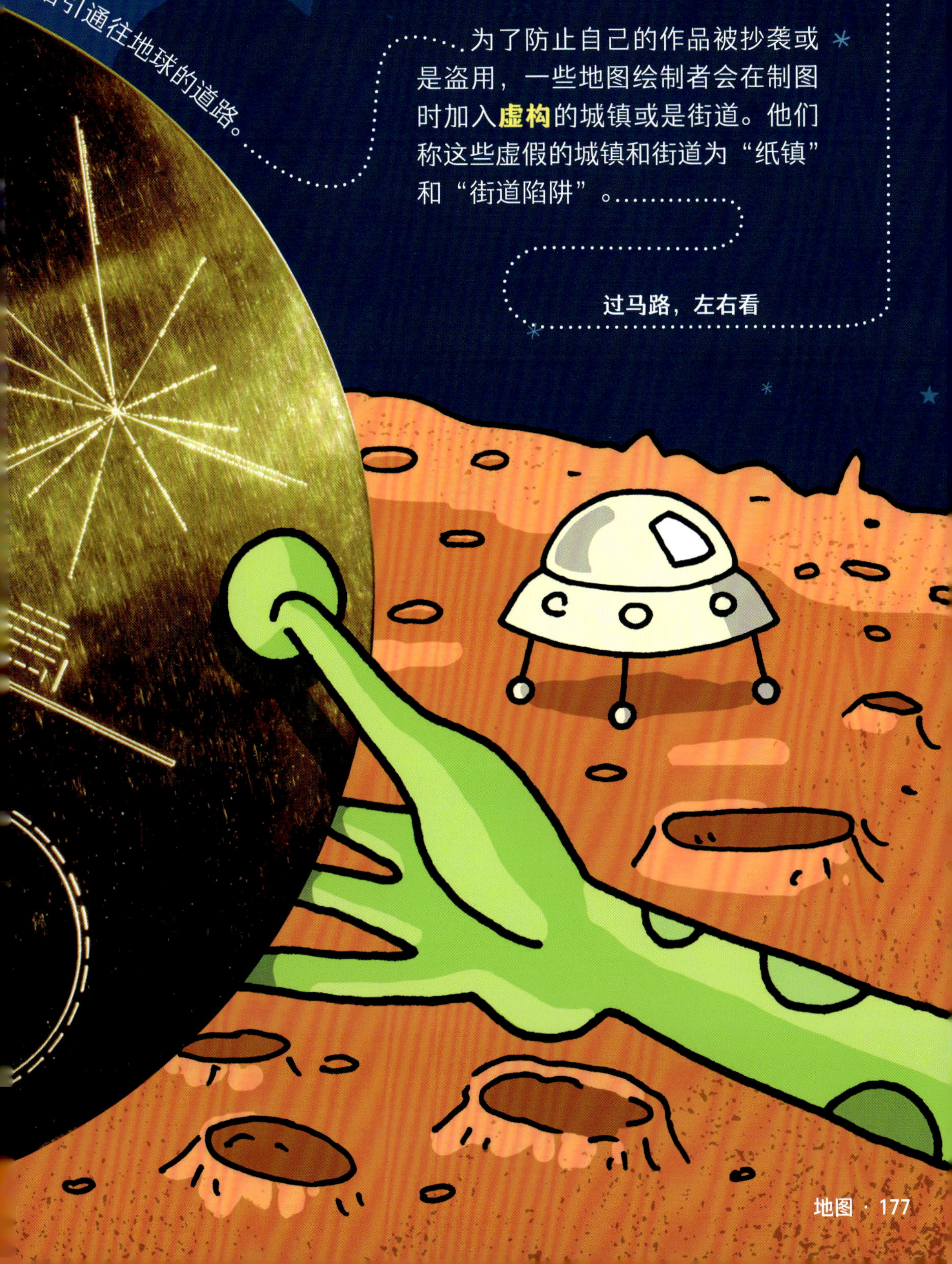

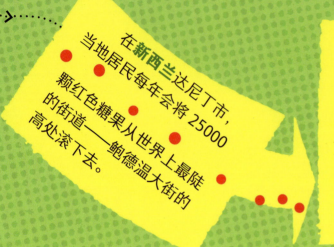

在**新西兰**达尼丁市，当地居民每年会将 25000 颗红色糖果从世界上最陡的街道——鲍德温大街的高处滚下去。

座头鲸有时会在绕圈游泳的同时吹出**气泡**，从而形成一个气泡**网**，并以此将自己的猎物困在其中。

世界上第一个篮球**网**是用装**桃子**的篮子做成的。

世界上最大的“**桃子**”在美国的南卡罗来纳州。它实际上是一座桃子形状的水塔，叫作“巨型桃子”，总共可以容纳 370 万升**水**。

新西兰曾经有一只名叫“史莱克”（Shrek）的**绵羊**走丢了。等它在 6 年后被找到时，身上的羊毛已经足以制作 20 套男士西服了。

绵羊能够识别并记住人类的**脸**。

世界上最受欢迎的表情符号是那张“笑到流**泪**”的人**脸**。

你的眼**泪**中含有**黏液**。

一些鹦嘴鱼头部有一种可以分泌**黏液**的器官，而它们会在这些黏液形成的**气泡**中睡觉，因为这种黏糊糊的物质可以保护它们免受寄生虫的侵害。

下雨了

红雨指的是一种降**水**呈现出红色或棕色的自然现象。有科学家认为，这种奇怪的气象可能是云中的水与来自沙漠的尘土混合形成的。

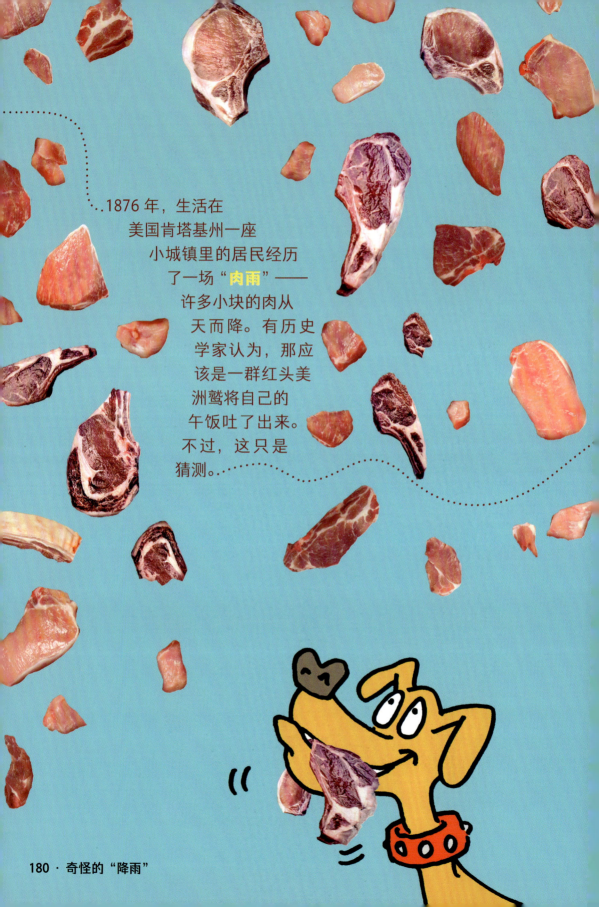

1876 年，生活在美国肯塔基州一座小城镇里的居民经历了一场“**肉雨**”——许多小块的肉从天而降。有历史学家认为，那应该是一群红头美洲鹫将自己的午饭吐了出来。不过，这只是猜测。

木星和土星上会下**钻石**雨。

璀璨夺目

古希腊人和古罗马人认为钻石是神的**眼泪**。

一只名为

“蜂蜜面包”

（Honey Bun）的狗狗不小心误食了自己主人珠宝店内价值近 7 万元的钻石。好在这些钻石最终被它顺利地排了出来。

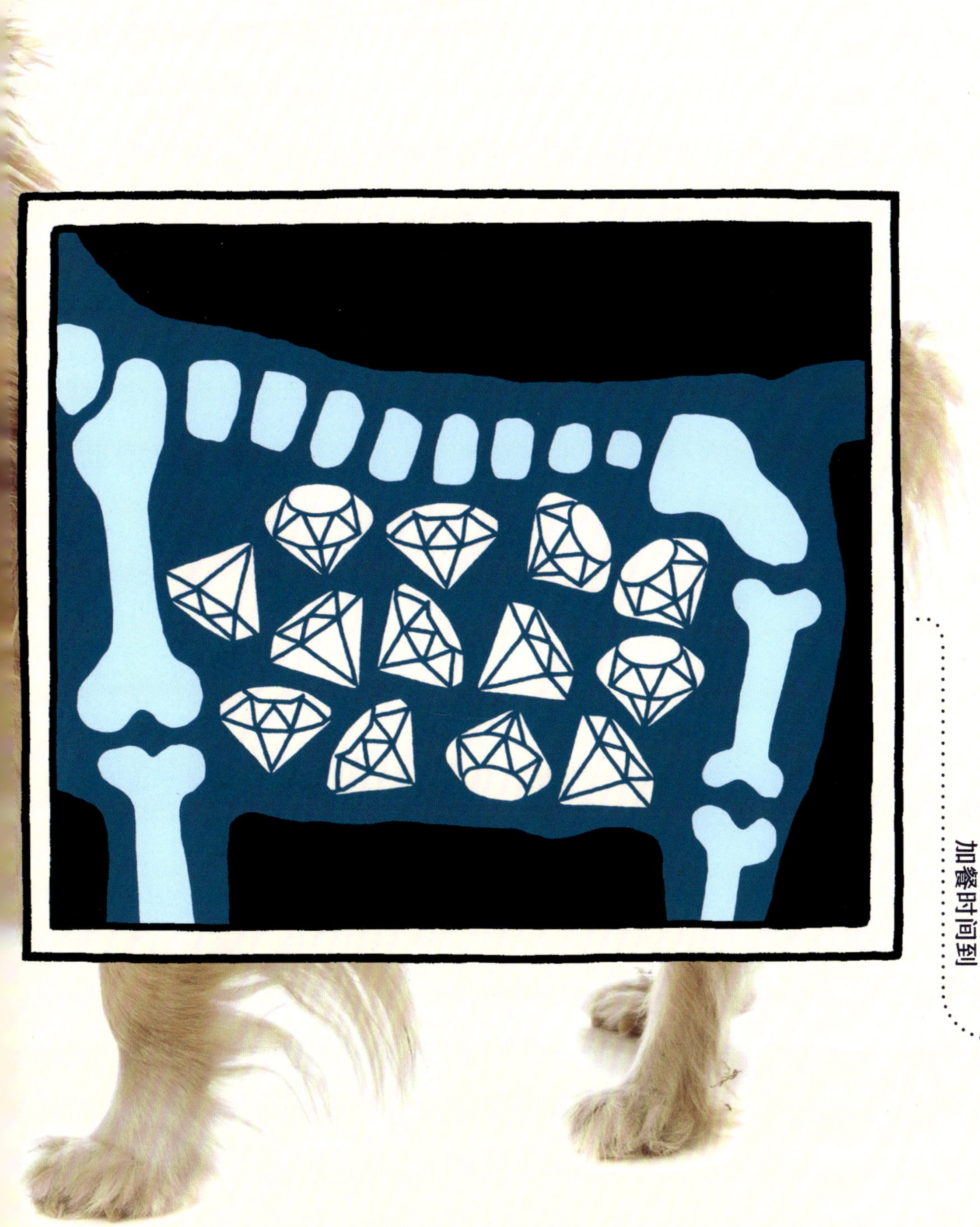

加餐时间到

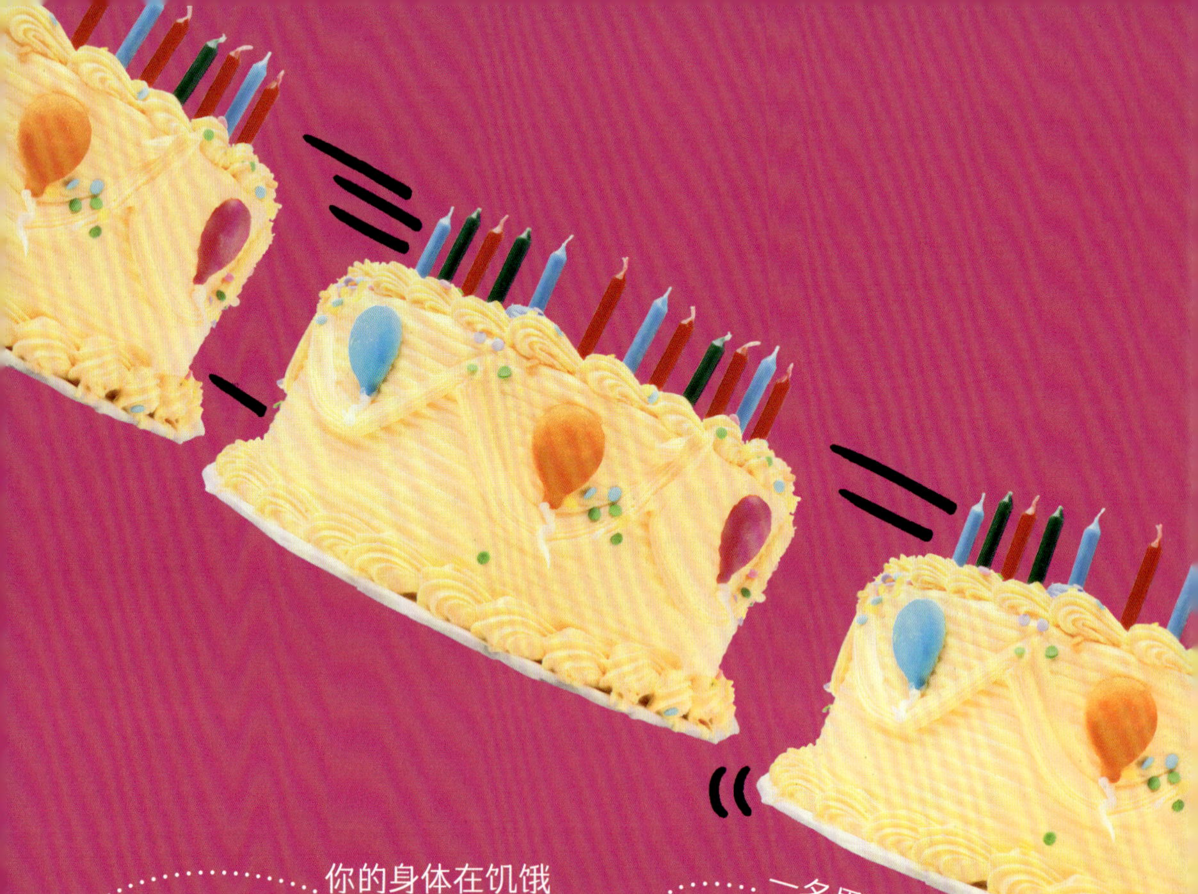

你的身体在饥饿时会发出咕咕声，这种声音被称为**肠鸣**。

一名男子曾在短短 8 分钟内

豚鼠和兔子**会吃掉自己的便便**。

吃掉 6.6 千克的**生日蛋糕**，并以此创下世界纪录。

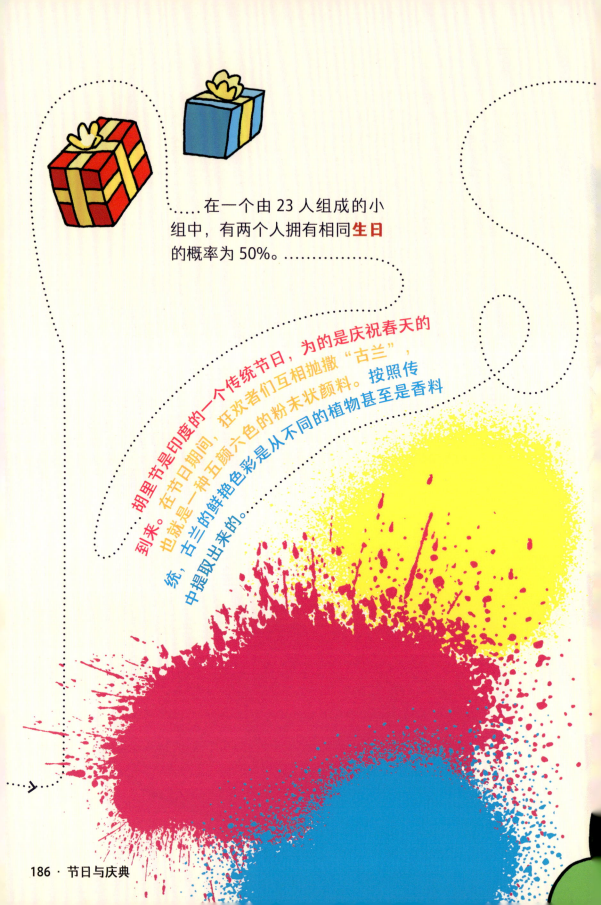

在一个由 23 人组成的小组中，有两个人拥有相同**生日**的概率为 50%。

胡里节是印度的一个传统节日，为的是庆祝春天的到来。在节日期间，狂欢者们互相抛撒“古兰”，也就是一种五颜六色的粉末状颜料。按照传统，古兰的鲜艳色彩是从不同的植物甚至是香料中提取出来的。

在泰国，每年都会举办一场盛大的“**猴子自助餐节**”。宴会的主宾是一群猕猴，人们会为它们准备数千千克的水果，堆成一座座水果塔。

在韩国的保宁市，每年都会举办一场“**保宁国际泥浆节**”，以此来宣传该地区富含矿物质的优质泥土。在那里，你可以体验到“滑泥”“泥浆脸绘”“泥浆滑梯”等娱乐项目。

每年的**跨年夜**，澳大利亚的悉尼港都会燃放超过 36000 枚烟花。

咻——

烟花中不同的化学物质在燃烧时会发出不同的声音。

比如，铝会发出嗞嗞的声音，

而钛会发出一声巨大的轰鸣——轰隆隆。

听好了！

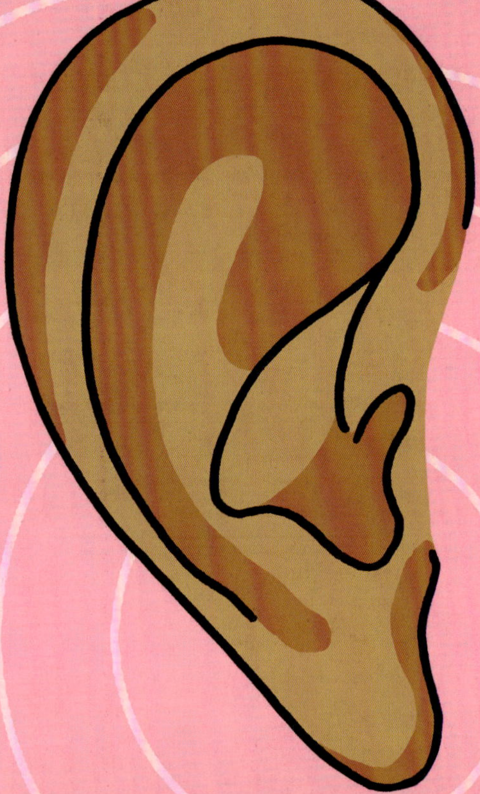

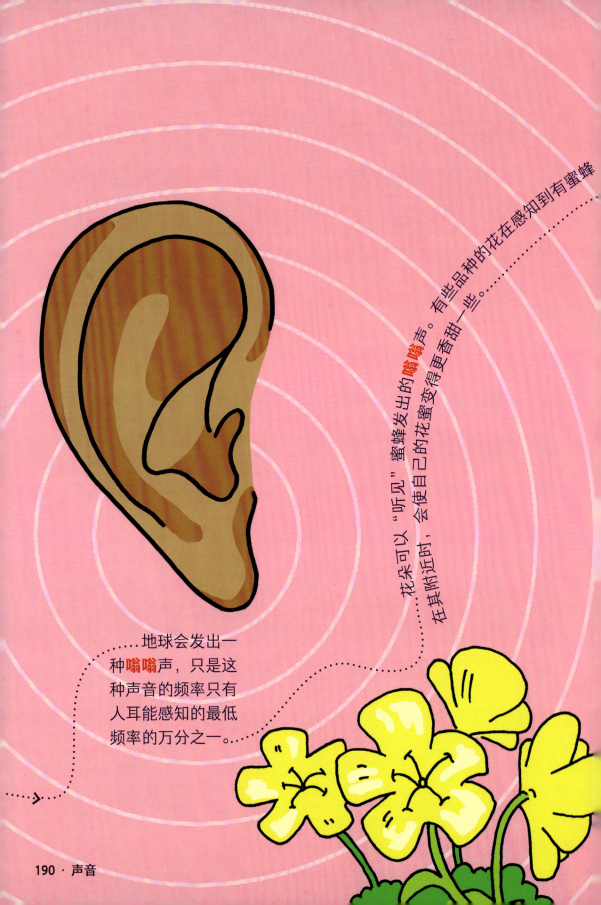

花朵可以“听见”蜜蜂发出的**嗡嗡**声。有些品种的花在感知到有蜜蜂在其附近时，会使自己的花蜜变得更香甜一些。

地球会发出一种**嗡嗡**声，只是这种声音的频率只有人耳能感知的最低频率的万分之一。

啦啦啦！嘀嗒嘀！

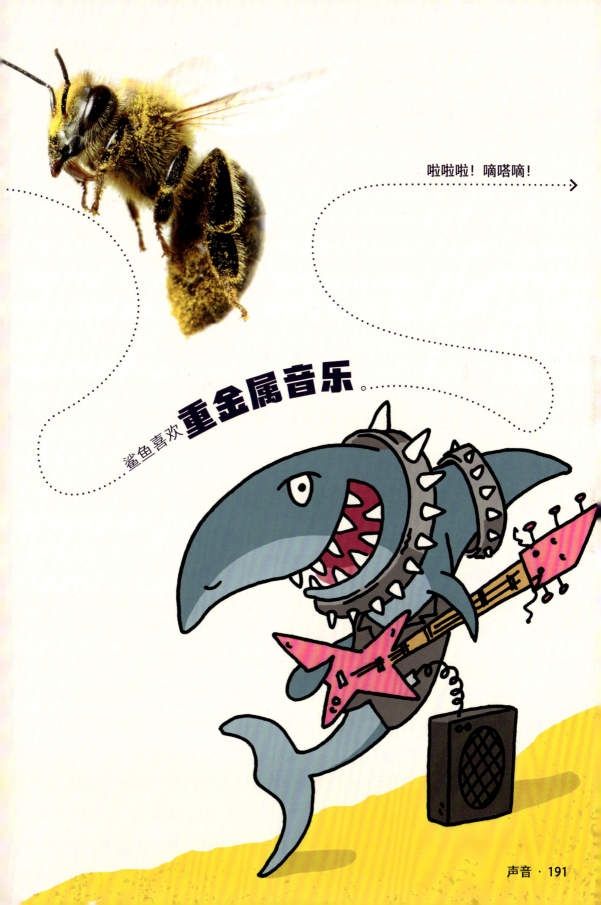

鲨鱼喜欢**重金属音乐**。

美国的佛罗里达州每年都会举办一场**水下音乐节**。参加音乐节的人们并不是真的在演奏，他们只不过是在水下音响的音乐声中假装演奏一些鱼类造型的乐器。

一首乐曲中的结束乐段被称为“**尾声**”。

美好的结尾

有些沙丘会“唱歌”。有科学家认为，这是因为风吹来之后，滚动的**沙粒**互相摩擦而产生了声音。

新加坡曾经举办过世界上最大规模的“**听音乐抢椅子**”游戏，一共有 8238 人参加。

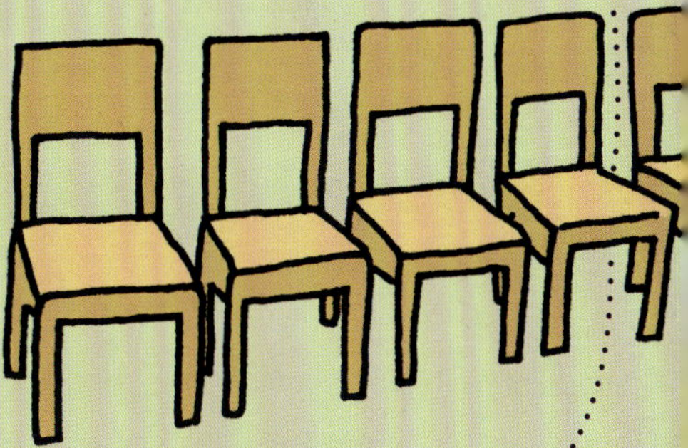

克罗地亚的**海风琴**是一种由海浪和海风演奏的乐器。层叠的海浪推动空气进入风琴管道内，继而奏出美妙的乐声。

铅笔**铅箍**指的是

在铅笔末端

用来固定

橡皮的那个

金属片圈。

跳转至第 46 页
继续绕圈子
《神奇水晶》一书一共有 **1250** 个可供选择的结局，打破了世界纪录。这 1250 个结局全是由孩子们创作出来的。

这些词在哪里

（按音序排序）

E

F

G

H

J

K

L

M

N

P

Q

R

S

T

W

X

Y

注：这里的页码提示你包含这个关键词的最精彩内容在哪里。

Z

特约策划：敖德
特约编辑：郭文婷